# PROJEKT GESCHICHTE

## BAND 2

## FRÜHE NEUZEIT BIS ERSTER WELTKRIEG

PETER BROKEMPER

Verlag an der Ruhr

# Impressum


Titel: *Projekt Geschichte*
*Band 2, Frühe Neuzeit bis Erster Weltkrieg*

Autor: *Peter Brokemper*

Druck: *Druckerei Nolte, Iserlohn*

Verlag: *Verlag an der Ruhr*
*Postfach 10 22 51*
*45422 Mülheim an der Ruhr*
*Alexanderstraße 54*
*45472 Mülheim an der Ruhr*
*Tel.: 02 08/439 5 40*
*Fax: 02 08/439 5 439*
*E-Mail: info@verlagruhr.de*
*www.verlagruhr.de*





***ISBN 3-86072-129-1***

*Die Schreibweise der Texte folgt der reformierten Rechtschreibung.*

*Gedruckt auf chlorfrei gebleichtes Papier.*

# Inhalt und Aufbau der Projektmappe

## TEIL I
## WIE HISTORIKER ARBEITEN ...
### HISTORISCHE HILFSWISSENSCHAFTEN

# Inhalt und Aufbau der Projektmappe

## TEIL II VON ENTDECKERN UND EROBERERN ... EPOCHENTEIL 30

# Inhalt und Aufbau der Projektmappe

# Vorneweg ...
## Das obligatorische Vorwort!

Dem Versuch, die Erträge des historischen Unterrichts resümieren und strukturieren zu wollen, haftet leicht etwas Rührend-Naives an.

- Jeder von uns weiß, wie unterschiedlich Sachkunde und Engagement, stoffliche Komplexität oder transferierbare Einsichten in den Klassen wachsen.
- Hinzu kommt, dass sich auch Fachwissenschaft und Fachdidaktik schwer tun, so etwas wie historische Grundkenntnisse, „Zyklen" oder „Lehren" aus der Geschichte zu destillieren. Bürgerliche und marxistische Geschichtswissenschaft kommen mit unterschiedlichen Fragestellungen und Methoden zu differenten Ergebnissen.
- Den einen interessiert der Aspekt „ökonomischer Verhältnisse", andere beschäftigen sich mit der „Geschichte der Staaten", mit „Kriegen", „geistes- oder kulturgeschichtlichen Strukturen" und ganz sicher gibt's hier und da noch die Fraktion, in deren Blickwinkel „(große) Männer Geschichte machen"!
- Solche Leitinteressen und Generalthemen ziehen unterschiedliche didaktische und methodische Folgen nach sich.

Trotz derart verschiedener Ansätze und der erwiesenen Schwierigkeit, eine schlüssige Struktur in die geschichtlichen Fakten und Abläufe zu bringen, müssen wir den Versuch einer aspektbezogenen Wiederholung unternehmen.

- Und weil es sich um „Wiederholung" handelt, mögen plakative Vereinfachung und unhistorische Kürze erlaubt sein.

Die verwendeten Materialien und Buchauszüge sind exemplarisch ausgewählt, können und sollen aber nach und nach durch Texte, Bilder, Hör- oder Filmsequenzen ergänzt oder ersetzt werden, die dem eigenen Unterricht entstammen.

Gruppenunterricht und weitgehende Selbstständigkeit sind sicher adäquate und fruchtbare Methoden, alle Arbeitsblätter lassen sich aber ohne weiteres in fragend-entwickelnde, lehrerzentrierte Unterrichtsverfahren einbauen.

- Je nach Jahrgang und zur Verfügung stehender Zeit haben sich projektorientierte und praktische Aufgaben bewährt. Sie bringen Farbe und Leben in den Geschichtsstoff (von Jugendlichen ja oft zu Recht als trocken-tote Materie aus 3. Hand erlebt) und vermitteln empathische Tuchfühlung mit der Vergangenheit und ihren aufregenden Situationen.
- Historische Detailtreue ist in diesem Fall nicht das Maß aller Dinge; eher geht es um die Bedeutung möglichst sinnlicher Wahrnehmung für die Motivierung der Schüler.
- Der Begriff Projekt ist hier auch ganz undogmatisch im Sinne von selbst gewähltem Arbeitszusammenhang oder übergreifendem Vorhaben zu verstehen. Nicht alle Faktoren, deren Zusammenwirken ein „echtes" Projekt konstituiert, müssen hier eine Rolle spielen – dürfen es aber!

Wenn sich vor den Augen der Jugendlichen der Zeitennebel ein wenig hebt, eine bewegte Landschaft mit den typischen Situationen der menschlichen Existenz sichtbar wird und wenn dabei die „epochale Beschilderung" ein Hilfsmittel zur vereinfachenden Kategorisierung des historischen Stromes wird – dann kommen wir vielleicht der Weckung von geschichtlichem Interesse und politischem Verständnis etwas näher. Für die Gegenwart und ihre apokalyptischen Drohungen könnte das nur von Vorteil sein ...

***Peter Brokemper***

# Anmerkungen zum Unterricht

## I

### *Zu den Zielen:*

Einblick in historisch-politische Strukturen, Wiederholung historischer Fakten, Kenntnis historischer Methoden, Bearbeitung von Text- und Bildquellen üben, weitgehende Selbstständigkeit bei der wiederholenden Erarbeitung von Fakten zu Zusammenhängen trainieren usw.

## II

### *Zur Sache:*

Diskussion um Sinn oder Unsinn der Epochenunterteilung wird vernachlässigt (theoretische Abhandlung am Beginn von Teil II/Epochenteil – s. S. 32 – bei geübteren Schülern einsetzbar); typische Details der üblichen Ereignisgeschichte (Krieg, Frieden, große Gestalten etc.) sind in den Schülerergebnisbögen verkürzt enthalten; Priorität aber haben die Lebensumstände der „Regierten".

## III

### *Zu den Quellen:*

Auswahl subjektiv; weil stark verkürzend, nicht alle Fragen abzudecken; Prinzip: Beleuchtung der Lebensumstände, der ideologischen Teilströmungen und Formen politischer Teilhabe in der jeweiligen Epoche;
Achtung: Viele Aussagen der Quellen muss man relativieren; sie gelten bezüglich des Lebensstandards häufig für den feudalen oder bürgerlichen Teil der Bevölkerung.

## IV

### *Zur Unterrichtsorganisation:*

- **Motivation**

Gegenstände und Bilder auslegen; Textquellen; Plakate; Filme; Fahrt zu historisch bedeutsamen Stätten; Museumsbesuch mit Rallye-Aufgaben (vgl. Teil III/Anregungen zur Weiterarbeit); alles erlaubt, was staunen macht ...
Zu Teil II/Epochenteil: Brainstorming historischer Schlagwörter in Matrix (Tafel/Folie) zuordnen lassen; Quiz.

- **Verlauf**

Siehe Unterrichtsskizzen am Beginn von Teil I/Historische Hilfswissenschaften (s. S. 9) und Teil II/Epochenteil (s. S. 31).

- **Methode**

Arbeitsteilige Verfahren nötig (auch wegen des extremen Zeitraffer-Verfahrens); je nach Geübtheit und örtlichen Möglichkeiten aber auch Referate, Einzelarbeiten, Bibliotheksbesuche, Spielsituationen, Interviews, Ortsbesichtigungen usw.

- **Zeit**

*Teil I/Historische Hilfswissenschaften:*
4 Schulstunden

*Teil II/Epochenteil:*

| | |
|---|---|
| Tafel-Brainstorming | 20 min |
| Organisation/Textausgabe | 20 min |
| Gruppenarbeit | 2x90 min |
| Vorträge | 9–12 Std. |
| Ausfüllen d. Ergebnisbögen | 6x30 min |

- **Material**

Geschichtsbücher ausleihen (auch ältere Reihen); Papier, Schere, Kleber, Folien und Folienstifte bereithalten; evtl. Hefter (weitere Materialangaben bei den jeweiligen Arbeitsvorschlägen).

# Wie Historiker arbeiten ...

# Historische Hilfswissenschaften

# Verlaufsplan

## *1. Motivation:*

Folie oder Kopie (Klassenstärke oder 1 x je Gruppe) des fiktiven Fundes von Urkunde, Karte, Münzen *(AB 1)*.
Die Schüler sollen herausfinden/Vermutungen äußern, welcher Art die Quellen sind, was da berichtet, fixiert, beschrieben, erklärt wird.
Vermutete Einfälle: Karte eines geheimen Schatzes, Spionageauftrag, Brief eines Herrschers, Besitzurkunde oder Schenkung usw.
„Streitgespräch" über die verschiedenen Schüler-Versionen.

***(15 Minuten)***

## *2. Information:*

Um eine Quelle richtig entschlüsseln zu können und keine Fehler zu machen, benötigen die Historiker zahlreiche Spezialkenntnisse und Informationen, die von den Hilfswissenschaften geliefert werden. Das ist den Hilfsabteilungen bei der Kriminalpolizei (Labor, Gerichtsmedizin) nicht unähnlich.

***(15 Minuten)***

## *3. Analyse des „Fundes"*

Fiktiver Fund *(AB 1)* wird erläutert.
Siehe nebenstehendes Tafelbild.

***(10 Minuten)***

**Tafel**

| ***Einzelproblem (Arbeitsfragen)*** | ***Hilfswissenschaft*** | ***Lehrer „verrät" die Einzelzutaten im konstruierten Beispiel...*** |
|---|---|---|
| ***A)*** *Um was geht es hier? Handelt es sich um eine Nachricht an die Mit- oder Nachwelt?* | *Quellenkunde (Gr. 1)* | |
| ***B)*** *Welche Wappen oder Herrschaftszeichen sind das?* | *Heraldik (Gr. 5)* | *von links: Barcelona, Guelfen von Florenz, Prov. Tyrol, Navarra, Kanton Uri* |
| ***C)*** *Welche Schrift, welche Zeit, welche inhaltliche Aussage?* | *Paläographie (Gr. 4)* | *erste 4 Zeilen: „Ein feste Burg...", Schrift des Komponisten Johann Walther. Darunter: Luthers Handschrift („Hat myr verehret meyn guter Freund / Herr Johann Walther / Componist Musice / zu Torgaw / 1530 / dem Gott gnade / Martinus Luther")* |
| ***D)*** *Um welche Art von Karte handelt es sich? Wie ist sie geographisch zu lesen?* | *Historische Geographie (Gr. 2)* | *Reisekarte von 1580* |
| ***E)*** *Was sind das für Münzen? (zeitgenössisch zum Text oder nicht?)* | *Numismatik (Gr. 6)* | *eckige Prägung: 36 Stuiver, Brüssel 1580, runde Prägung: 5 Francs, Montenegro 1813* |
| ***F)*** *Datierungszusatz: Welcher Tag im Jahr ist „Martini"? Wann haben die Ereignisse stattgefunden?* | *Chronologie (Gr. 3)* | *Martinstag, 11. November Ereignisse zeitlich mit Luthers Signatur identisch* |

## *4. Gespräch:*

... über die vielen Möglichkeiten der Missdeutung: Probleme mit Echtheit, richtigem Verständnis bei großer zeitlicher Entfernung (anachronistische Interpretationsfehler).

***(5 Minuten)***

## *5. Arbeitsteilige Gruppenarbeit:*

(„Wie Historiker arbeiten")
Verteilung der Bögen *AB 2 – AB 15*.
Die Schüler lesen und analysieren die Arbeitsbereiche und verschiedenen Methoden der Hilfswissenschaften; sie bilden arbeitsteilige Gruppen; die Ergebnisse werden auf *AB 2* zusammengefasst.

***(45 Minuten)***

## *6. Einzelarbeit (still):*

Verwendung der Arbeitsblätter zu den Themen „Genealogie" *(AB 16)*, „Kurzfassung Archäologie" *(AB 17)* und „Rechtsgeschichte" *(AB 18 + 19)*.

***(45 Minuten)***

## *7. Kurzvorträge der Gruppen:*

(Arbeitsvereinigung)

***(30 Minuten)***

## *8. Lernziel-Überprüfung:*

(Offener Eigen-Test; ohne Bewertung) *(AB 20)*

***(10 Minuten)***

## *9. Vergleich der Ergebnisse:*

Rückfragen bei den Referenten (Gruppen) und evtl. Korrektur.

***(5 Minuten)***

# Ein merkwürdiger Fund

**A** Um welche Art von Nachricht handelt es sich?

**B**

**C**

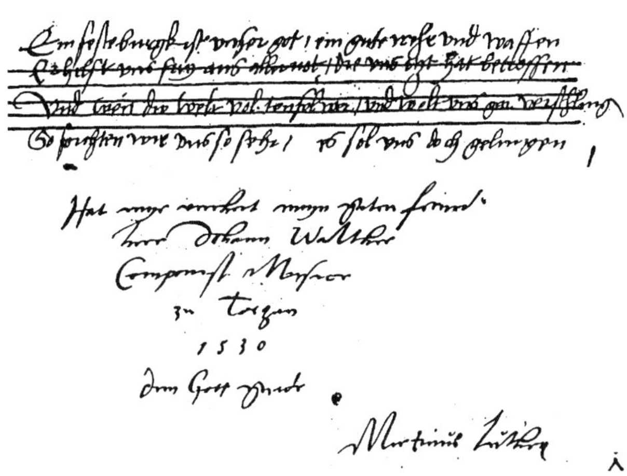


**D**

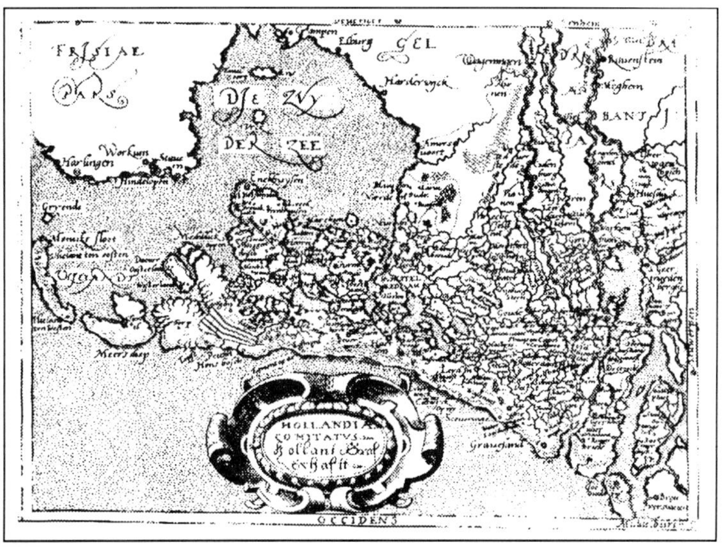


Abbildung der vorgefundenen Münzen

**E**

Vermerk auf der Rückseite des Dokumentes (übersetzt):

**F** ***VERSENDET ZU MARTINI IM JAHRE DES REICHSTAGES ZU AUGSBURG UND 12 MONDE NACH DER BELAGERUNG WIENS DURCH SULEIMAN D. PRAECHTIGEN***

**Arbeitsblatt 2**
**allgemein**

# Arbeitshinweise für alle Gruppen

Wir versuchen herauszufinden, *was* in den einzelnen Hilfswissenschaften erforscht und mit welchen Methoden gearbeitet wird.
Jede Gruppe hat *andere* Unterlagen.
Ihr sollt die Klasse ganz genau informieren, woher das von euch untersuchte wissenschaftliche Teilgebiet seine Bezeichnung hat (Übersetzung ins Deutsche!) und was zum Arbeitsbereich gehört.

## *Arbeitsvorschlag für die Gruppe:*

1. Text-Blätter gemeinsam lesen
2. Unklares besprechen (evtl. fragen!)
3. Stichworte zur Information der anderen Schüler festhalten; evtl. Kurzreferatteile an verschiedene Gruppenmitglieder vergeben

a) Name (Fachbezeichnung und Übersetzung) der von euch untersuchten Hilfswissenschaft:

___

___

___

b) genaue Erläuterung des Arbeitsgebietes (erklären, welche Informationen der Geschichtswissenschaftler von den Experten dieses Faches erwartet; evtl. ein Bild/eine Zeichnung auf großen Bogen Papier zeichnen oder zur Projektion auf Folie übertragen):

___

___

___

___

___

___

___

___

___

___

___

___

___

___

___

___

___

___

**Arbeitsblatt 3**
**Gruppe 1**

# Die Spuren der Vergangenheit
## Quellenkunde 1

Unter *„Quellen“* versteht man im weitesten Sinne

> *„alle Texte, Gegenstände oder Tatsachen, aus denen Kenntnis der Vergangenheit gewonnen werden kann“.* (P. Kirn)

Natürlich war den Wissenschaftlern diese Erklärung nicht genau genug. Deshalb unterschieden sie z.B. zwischen „schriftlichen“ und „nicht schriftlichen“ Quellen, zwischen „absichtlich“ oder „unabsichtlich“ hinterlassenen Spuren.

In der Geschichtswissenschaft wird häufig nach dem Vorschlag von E. Bernstein verfahren, der eine Unterteilung in *Überreste* und *Traditionen* vorschlägt.

Es gäbe danach *Sachüberreste (•)* die man gegenständlich vorfindet: z.B. Skelette, alte Münzen, Gebäude usw.

*Abstrakte Überreste (–)* kann man nicht „anfassen“; es sind: Sprachen, Sitten und Gebräuche, Namen, Staatsformen und die Norm, nach der bei uns heute Recht gesprochen wird.

In Archiven (Sammlungen für alte *Schriftstücke (+)* werden Briefe, alte Rechnungen, Urkunden und Verträge aufbewahrt.

Alles dieses war ursprünglich nur für den Gebrauch der Menschen in der jeweiligen geschichtlichen Zeit gedacht. Es sollte uns heute nichts mitteilen!

Anders bei den so genannten *Traditionen (o)*. Diese Quellen wurden *„absichtlich zum Zweck historischer Überlieferung, also zur Unterrichtung der Nachwelt geschaffen“* (v. Brandt).

Solche Nachrichten erreichen uns *mündlich* in Sagen, Liedern und Erzählungen oder *schriftlich* in Chroniken*, alten Geschichtsbüchern, Memoiren*, Biografien* oder Annalen*.

* im Duden/Fremdwörterlexikon nachschlagen!

*Vorsicht! Falle!*

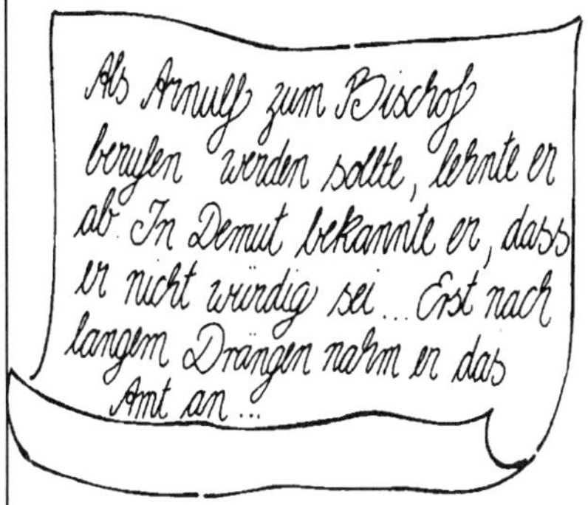


Man nimmt an, man habe es mit einem demütigen Mann zu tun.
In Wirklichkeit wird nur eine feststehende Demutsformel überliefert; der Mitbewerber war zuvor mit Gift ausgeschaltet worden.
Ähnliches gilt für Kampftaten und Körperkräfte von Herrschern oder für die Zahl besiegter Feinde:
Hier wird fast immer übertrieben!

*oder:*

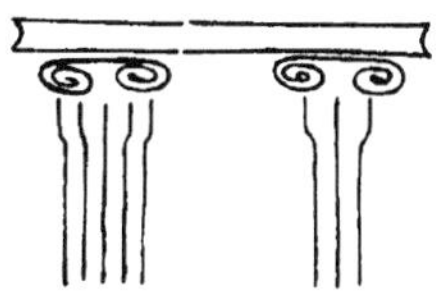

Die griechischen Tempel werden heute noch wegen ihrer schlichten, marmornen Schönheit gerühmt.
In Wirklichkeit waren sie völlig bunt bemalt (in Natur-Erdfarben).

*oder:*

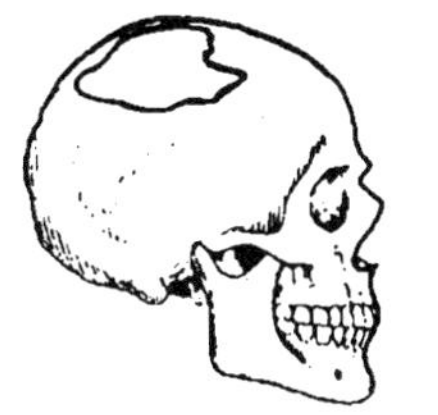

Das Loch im Schädel des Ägypters ist keine tödliche Kriegswunde.
In Wirklichkeit handelt es sich um eine Narbe von einer erfolgreichen Operation.

*oder:*

Die Urkunde wird von Papst Stephan (752–757) gefälscht; dieser Trick wird erst 700 Jahre später entlarvt (durch Lorenz Valla, 1405–1457).
Man nimmt heute an, dass in kirchlichen Schreibstuben zwischen dem 10. und 13. Jahrhundert massenhaft (!) Urkunden gefälscht wurden.
So sollen ca. 2/3 aller Urkunden aus der Merowingerzeit ganz oder teilweise gefälscht sein.

# Die Spuren der Vergangenheit

## Quellenkunde 2

*Quellen-Typen*

In das folgende Ordnungsschema können die auf *AB 5* abgebildeten (und andere, selbst überlegte) *Quellen-Typen* eingeordnet werden. Mit Hilfe einer *Folie* kann anderen Schülern die Art und Weise der Zuordnung erklärt werden.

**Quelle:** ______________________________

______________________________

| ***Überreste*** | | | ***Traditionen (○)*** | |
|---|---|---|---|---|
| *Sachüberreste (•)* | *abstrakte Überreste (–)* | *Schriften i. Archiv (+)* | *mündlich überliefert* | *literarische Texte* |
| | | | | |

# Die Spuren der Vergangenheit

## Quellenkunde 3

**Arbeitsblatt 6**
**Gruppe 2**

# Nur nicht die Orientierung verlieren

## Historische Geographie 1

Die historische Geographie beschäftigt sich mit der *„Untersuchung und Darstellung einzelner Erdräume in einzelnen Geschichtsperioden"* (v. Brandt).

Für die Geschichtswissenschaftler ist es sehr wichtig, genaue Kenntnisse von geographischen (erdkundlichen) Einzelheiten zu haben. Sie interessieren sich zum Beispiel für
- Veränderungen von Gebietsgrenzen durch Krieg und Frieden, Erbfälle und Völkerwanderungen;
- Bodenverhältnisse, Klima, Tier- und Pflanzenwelt, Wind- und Meeresströmungen und Naturkatastrophen;
- Verkehrslinien (Lage an Küsten und Flüssen, Straßenverläufe usw.);
- Orts- und Flurnamen;
- und vieles andere mehr.

Viele geschichtliche Ereignisse würde man ohne Wissen um die erdkundlichen Hintergründe nicht richtig erkennen und beurteilen können.

Hier einige Beispiele:
*Stadtgründungen* gab es an wichtigen Flussübergängen (Frank*furt*, Er*furt*), bei *Burgen* (Magde*burg*, Straß*burg*, *Burg* a.d. Wupper) an Straßenkreuzungen und Marktplätzen.

Die *Klimaverschlechterungen* in Nordost-Europa lösten Völkerbewegungen aus (z.B. Germaneneinfälle ins Römerreich).

Der *Grabenbruch* zwischen England und Frankreich füllte sich mit Nordseewasser („Kanal"); die benachbarten Landschaften erinnern noch an die vormalige Einheit: (Groß-Britannien und Bretagne (Nordfrankreich)).

Oder: Venedigs Herrschaft im Mittelalter wird durch die einmalig günstige *geographische Lage* ermöglicht (unangreifbare Insel, Lage einer Drehscheibe zwischen Norden, Süden, Osten und Westen der damals bekannten Welt).

Karten und geographische Berichte stützen sich immer auf den aktuellen Kenntnisstand; häufig sind sie religiös orientiert: Was nicht in heiligen Schriften steht, wird nicht ohne weiteres anerkannt.

▼ *Schema einer Radkarte, 11. Jh.*

*Jerusalem – Mittelpunkt* der Erdscheibe!
So meinte es das *Mittelalter*, gestützt auf die *Autorität der Bibel.*

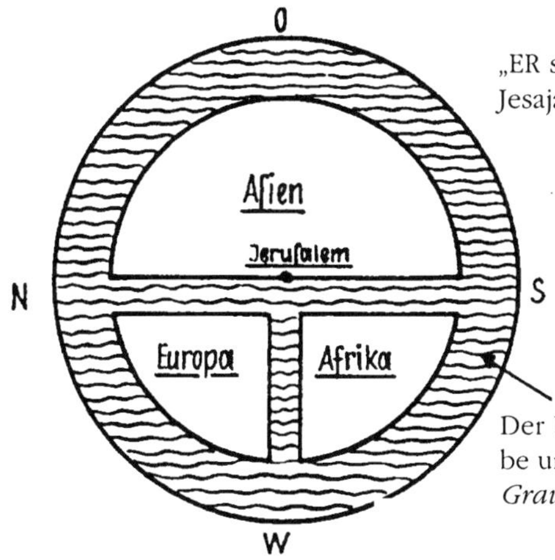


„ER sitzt über dem *Kreis der Erde.*"
Jesaja, 40, 22

Die Karte ist *nach Osten* „orientiert".

Der *Weltozean* umfließt die Scheibe und verliert sich *in Nacht und Grauen.*

▼ *Weltbild um 1320 nach Petrus Vesconte.*

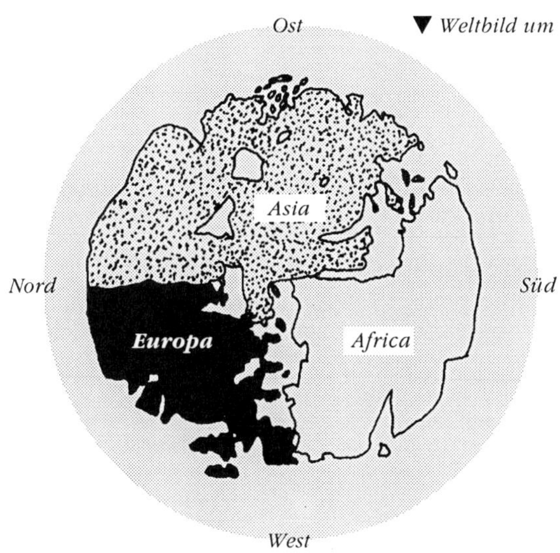

**Arbeitsblatt 7**
**Gruppe 2**

# Nur nicht die Orientierung verlieren

## Historische Geographie 2

### *Die dritte Dimension*

Auch die dritte Dimension – die *Höhe* – versuchte man schon auf der ältesten Landkarte der Welt (4500 v.Chr.) zu bewältigen.

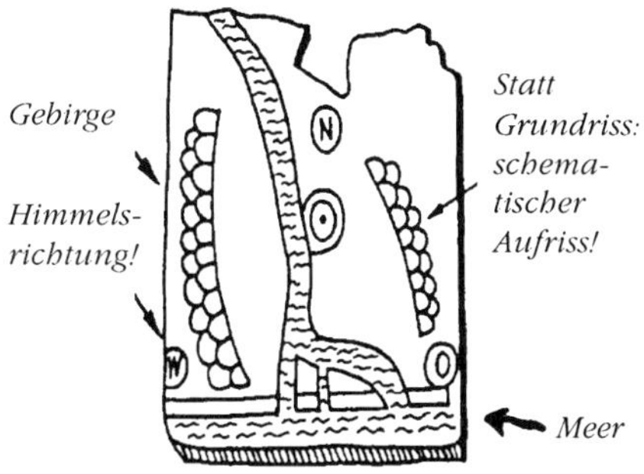


▲ *Tontafel von Ga-Sur, nördlich Babylon, 4500 v. Chr.*

Und 6000 Jahre später verharrte man immer noch bei den *„Maulwurfshügeln"*.

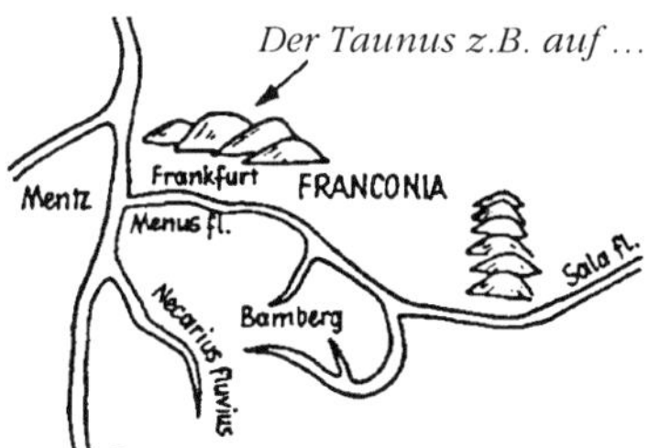


▲ *... Münzers Karte in der Chronik des Hartmann Schedel, Nürnberg, 1493*

▼ *Erst seit Ende des 18. Jh. benutzt man die Höhenlinien, das wichtigste Element der Geländedarstellung.*

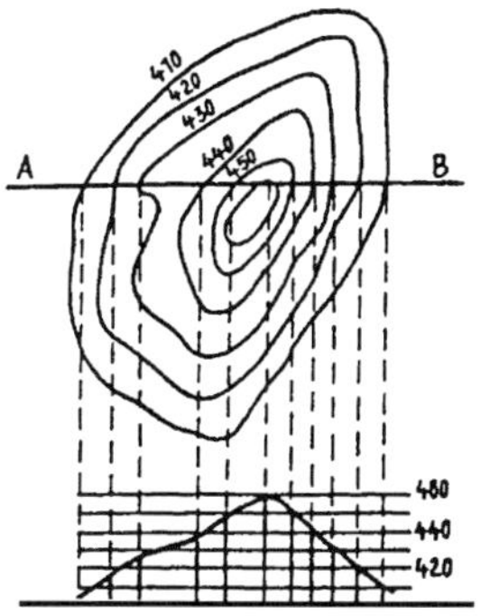


Sehr interessant sind die alten *Reisekarten* (wie die nebenstehend abgebildete des Michael v. Eitzing von 1580).
Sie spiegeln den erdkundlichen Kenntnisstand und die politischen Verhältnisse; mit Maßstäben und Himmelsrichtungen gehen sie sehr frei um. Man merkt: Es ist noch nicht alles normiert und festgelegt wie heute!

- ***Was fällt an der (stark verkleinerten) Karte auf?***

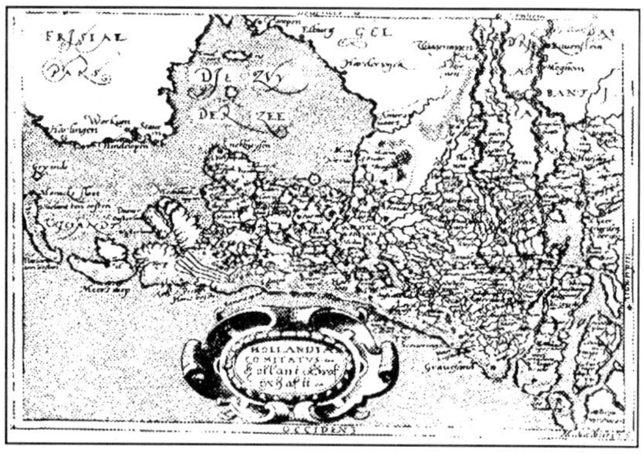

▲ *Die Grafschaft Holland aus dem Reiseatlas Michael v. Eitzings aus dem Jahre 1580.*

Kartenvergleiche zwischen historischen und modernen Karten zeigen die Entwicklung von Städten und Landschaften.

- ***Hier liegen spannende Aufgaben für die „Forschung" am eigenen Wohnort!***

▼ *Der Essener Stadtteil Altenessen um 1800 und heute.*

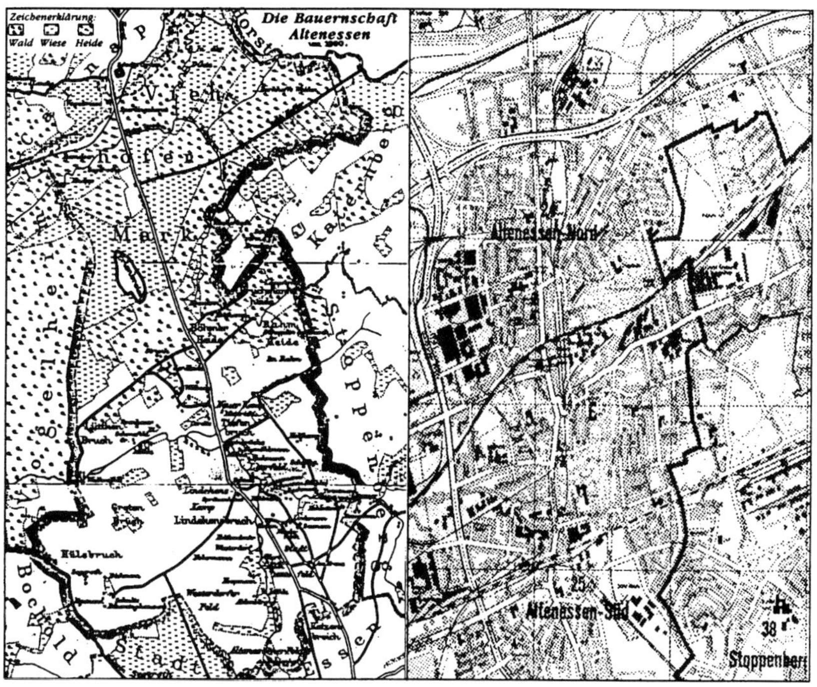

**Arbeitsblatt 8**
**Gruppe 3**

# Die Zeichen der Zeit

## Chronologie 1

*„Chronologie"*
kommt aus der griechischen Sprache (chronos = Zeit; ...logie = (eingedeutschte) Nachsilbe im Sinne von „Lehre", „Kunde", „Wissenschaft").

Die Chronologie als historische Hilfswissenschaft kümmert sich um die besonderen Probleme, die mit den vielen unterschiedlichen Formen der *Zeiteinteilung* und *Zeitmessung* in den vergangenen Jahrhunderten verbunden sind.

Das war ein Schock, als die rätselhaften Fratzen-Zeichen an den Maya-Tempeln im Urwald von Yukatan (Mittelamerika) entschlüsselt wurden:
Betreten mussten die etwas überheblichen Europäer feststellen, dass der Maya-Kalender der genaueste war, der bisher auf der Welt bekannt wurde. Genauer auch als der in Europa bis heute gebrauchte.

Nicht immer war „unser" Kalender in der ganzen Welt gültig (was er auch heute noch nicht ist). So fand z.B. die Russische *Oktober*revolution im *November* 1917 statt.

Erklärung des scheinbaren Widerspruchs: der 24.10.1917 ist nach dem alten julianischen Kalender gerechnet genau derselbe Tag wie der 6.11.1917 nach dem – bei uns seit dem Mittelalter gültigen – Kalender.
Weil letzterer aber katholischen Ursprungs ist, haben diesen „gregorianischen" (nach Papst Gregor benannten) Kalender die meisten protestantischen Staaten erst nach 1700, das orthodoxe Russland aber erst nach 1918 übernommen.

◀ *Wie zu sehen ist, hatten die Mayas keine zusammengesetzten Zahlzeichen wie wir, sondern jeder Zahlenwert von 0–19 hatte ein eigenes Zahlzeichen.*

Es gibt also eine Fülle von Problemen mit unterschiedlichen chronologischen Verfahren.

**1. Jahreszählung**
*a) nach wichtigen Ereignissen:*
Nicht in allen Kulturkreisen ist die Zählung nach oder vor Christi Geburt üblich. So zählte man die Jahre

- in *Griechenland* nach der ersten Olympiade (1.7.776 v.Chr.),
- in *Rom* nach der Gründung der Stadt (21.4.753 v.Chr.),
- im *jüdischen* Bereich seit der Erschaffung der Welt (3761 v.Chr.),
- in der *islamischen* Welt nach der „Hedschra", der Flucht Mohammeds von Mekka nach Medina (16.7.622 n.Chr.).

*b) nach Herrscherjahren:*
Leichter begreifbar war den Menschen früher das Zählen der Jahre nach den Regierungszeiten von Kaisern, Päpsten und Fürsten.
Beispiel: Die Bibel legt z.B. das Jahr, in dem Johannes der Täufer berufen wird, wie folgt fest:

*„In dem fünfzehnten Jahr der Herrschaft des Kaisers Tiberius, da Pontius Pilatus Landpfleger (Statthalter) in Judäa war / und Herodes Vierfürst in Galiläa / und sein Bruder Vierfürst in Ituräa / ... und Lysanias Vierfürst in Abilene, als Hannas und Kaiphas Hohepriester waren, da geschah ..."*

Eine Zeitbeschreibung, die ziemlich genau datiert werden kann, wenn die Amtszeiten der einzelnen Personen aus anderen Quellen bekannt sind.

**Arbeitsblatt 9**
**Gruppe 3**

# Die Zeichen der Zeit

## Chronologie 2

**2. Jahresbeginn**
Allein im europäischen Kulturkreis gab es zig verschiedene Jahresanfänge. *Neujahr* konnte fallen auf (den)

- 25. März *vor* unserem Jahresbeginn (Maria Verkündigung)
- 5. März *nach* unserem Jahresbeginn (florentinischer Stil)
- 1. September (byzantinischer Stil)
- 25. Dezember (Weihnachtsstil)
- 1. März (altrömischer Stil, bei den Merowingern und in Venedig bis 1797 üblich)
- Ostern (Oster-Stil), was allerdings sehr schwanken konnte, da Ostern – wie heute noch – auf 35 verschiedene Daten zwischen dem 22. März und dem 25. April fallen konnte.
- 1. Januar (julianischer Stil), noch heute gültig.

▲ *Unser Monatsname „Januar" geht auf den römischen Gott Janus zurück. Sein Doppelgesicht weist einmal in die Vergangenheit und einmal in die Zukunft. Er galt als Beschützer aller Anfänge, so wurde er dann auch zum Beschützer des Jahresanfangs.*

**3. Wochentage**
Nicht jeder hatte früher einen Kalender zur Hand. Man orientierte sich deshalb an den von der Kirche festgelegten *Heiligenfesten*.
Dieser Gebrauch hat sich in ländlichen Gebieten und im Volksmund bis heute gehalten.

| | | |
|---|---|---|
| 1.11. | = | Allerheiligen (Totenfeiern) |
| 11.11. | = | Martinstag (Laternenumzüge) |
| 6.12. | = | Nikolaus (Kinderbescherung) |
| 31.12. | = | Silvester (Feuerwerk) |
| 6.1. | = | Dreikönige (Sternsingen) |
| 2.2. | = | Maria Lichtmess (Lichterprozessionen) |
| 14.2. | = | Valentinstag (Blumen für FreundIn) |
| 9.3. | = | Georg(i) |
| 29.9. | = | Michael(i)tag usw. usw. |

Arbeitsverträge wurden oft an Georgi oder Martini begonnen bzw. beendet. Pacht- und Zinstermine lagen zu Trinitatis und Michaeli.
Oft bestanden komplizierte lateinische oder römische Bezeichnungen der Tage weiter (Kalenden, Nonen, Iden), von denen der gemeinte Tag rückwärts rechnend bestimmt wurde.
Damit sich Schüler nicht mit diesem Daten-Chaos herumschlagen müssen, wurden in den Geschichtsbüchern alle Ereignisse von Fachleuten auf eine einheitliche Datierung umgerechnet!

Die im deutschen Sprachraum benutzten *Wochentags- und Monatsnamen* haben meist lateinische oder germanische Ursprünge.

| | | |
|---|---|---|
| Sonntag | = | der Sonne geweiht |
| Montag | = | dem Mond geweiht |
| Dienstag | = | Tag des altgermanischen Gottes Tiu |
| Mittwoch | = | Wochenmitte |
| Donnerstag | = | Tag des germanischen Donnergottes Thor |
| Freitag | = | Tag der germanischen Göttin Freya |
| Sonnabend | = | Vorabend des Sonntags, auch Samstag genannt, nach dem jüdischen Sabbat. |

Vielleicht besteht Lust, die Wochen- und Monatsnamen in anderen Sprachen zu überprüfen (lundi usw.)
Weitere Bezeichnungen – z.B. zu den Monatsnamen – findet man im Duden/Fremdwörterbuch.

*Beispiel:*
Januar = genannt nach dem altitalischen Gott der Türen und des Anfangs (Janus); im germ. Sprachbereich auch: Eismond oder Hartung.

▼ *Die Monatszeichen der Mayas*

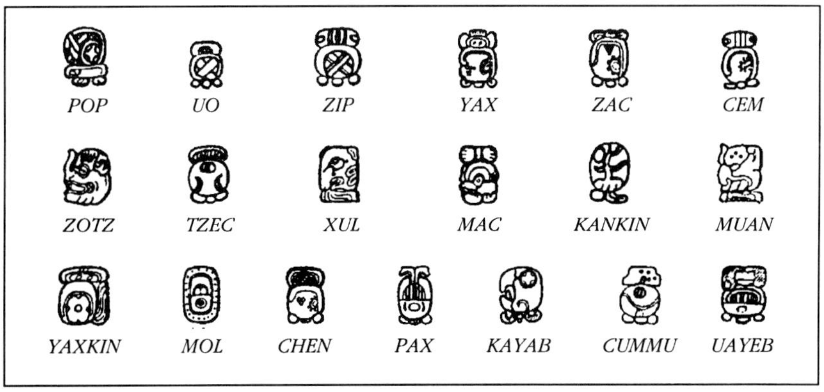

# Jetzt haben wir's amtlich

## Diplomatik

### *Urkunden und Akten*

In dem Wort „Diplom“ (Zeugnis, Urkunde) steckt noch die gleiche Bezeichnung, die im vorliegenden Fall der Hilfswissenschaft von den (mittelalterlichen) *Urkunden* und den (neuzeitlichen) *Akten* den Namen gibt.

*und*

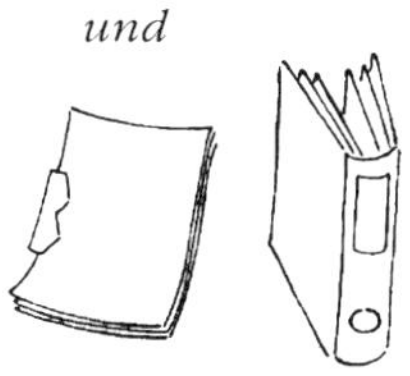

*Akten*

Urkunden und Akten kommen aus der *Verwaltung, dem Rechts- und Geschäftsleben* einer bestimmten Zeit.

Im *staatlichen* Bereich gehören dazu: Verfassungstexte, Verwaltungsordnungen, Rechtssprechung, Gesetzgebung, Befehle und Aufträge, Protokolle, Gnadenerweise usw.

Im *Gemeinde*-Bereich werden solche Schriftstücke hergestellt von: Stadtparlamenten, Zünften (den mittelalterlichen Handwerkergruppen), Gilden, Kirchengemeinden, Vereinen usw.

Im *privaten* Bereich zählen dazu: Testamente, Erbverträge, Eheschließungsurkunden, Kaufverträge, Schuldurkunden und vieles andere mehr.

Als noch nicht alle Lebensvorgänge bis ins Kleinste geordnet waren, versuchte man wenigstens bei den wichtigsten Urkunden eine geregelte *Form* einzuhalten:
In *Musterbüchern* hielt man gängige Formulierungen fest, in so genannten *Kopiaren* (oder Kopierbüchern) die wichtigsten inhaltlichen Punkte einer Urkunde.

Weil man die zahlreichen Fälschungen nur schwer erkennen konnte, sicherte man sich durch Beglaubigungen mit komplizierten *Siegeln* oder durch Schnitt- und Wiedererkennungs-Markierungen.

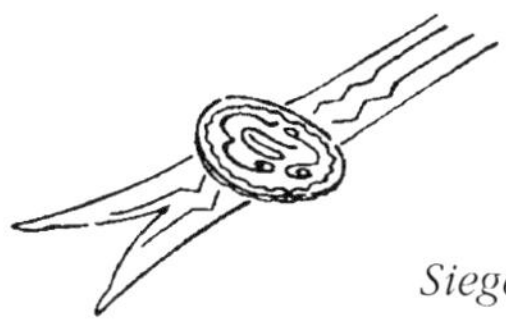

*Siegel*

Um alte Urkunden richtig lesen zu können, müssen die Wissenschaftler nicht nur die *Sprache* der jeweiligen Zeit verstehen, sie müssen auch Abkürzungssysteme *(Kürzel)* kennen, die *Datierung* richtig entschlüsseln und ein sicheres Gefühl dafür entwickeln, ob die in der Urkunde behaupteten Vorgänge überhaupt wahrscheinlich sein konnten. Auch die *Schriften* in alten Papieren sind oft nur besonders geschulten Wissenschaftlern verständlich.

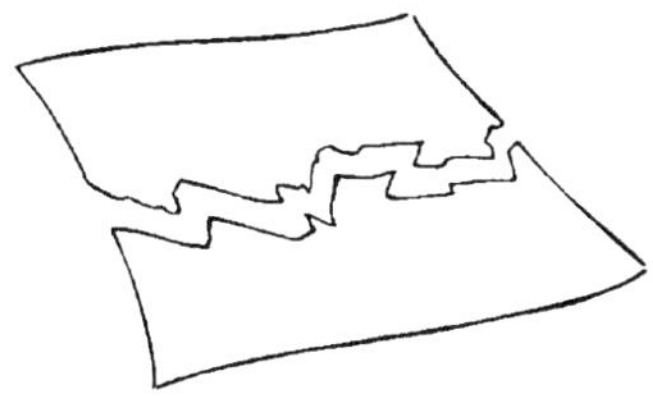

*Teile müssen zueinander passen*

Die *Aufbewahrung* der Schriftstücke geschieht meist folgendermaßen:

***Brief***

***„Vorgang“***
*(meist im Hefter)*

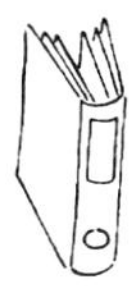

***Akte***

***„Registratur“***
*(Sammelstelle für die Akten einer Firma, eines Amtes, einer Behörde)*

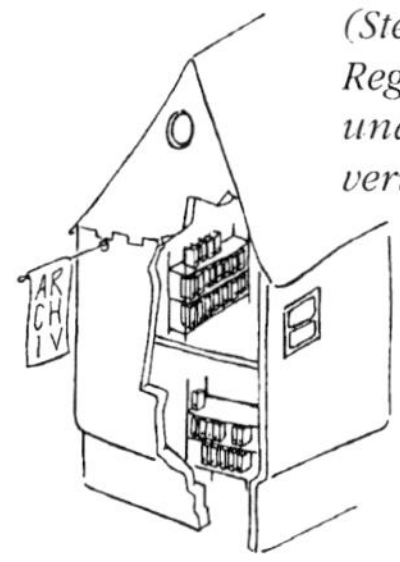


***Archiv***
*(Stelle, wo viele Registraturen, Akten und Nachlässe verwahrt werden)*

In den Stadt-, Landes- und Bundesarchiven findet man millionenfach Schriftstücke, die vergangene Zeiten dokumentieren.

# Griffel, Kreide, Gänsekiel

## Paläographie

### *Schriftentwicklung*

Die Paläographie beschäftigt sich mit der Geschichte der Schrift und der Schreibmaterialien. („paläo" = griech.: alt; „graphein" = griech.: schreiben)

Viele *Beschreibstoffe* sind bekannt: Stein, Ton, Wachstafeln, Holz, Papyrus, Pergament, Papier u.v.a.m.
Gelingt eine Altersbestimmung, so hat der Wissenschaftler wichtige Hinweise z.B. über die Echtheit eines Textes in der Hand.
Auch *Schreibgeräte* wie Griffel, Rohrfeder, Gänsekiel, Kreide, Kohle- und Bleistifte oder Federhalter kennt jeder als die alten Vorläufer unserer modernen Schreibgeräte.
Neben- und nachstehend einige Beispiele für alte Schriften, Schreibgeräte und Beschreibstoffe.

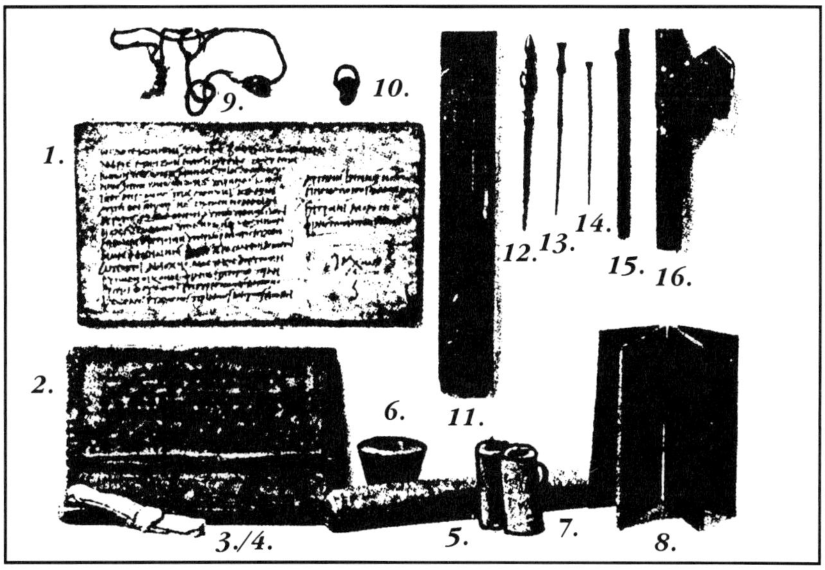


▲ ***Schreibmaterialien und Schreibgeräte des Altertums,*** *die von babylonischen, ägyptischen, jüdischen, griechischen und römischen Schriftstellern erwähnt werden:* ***1.*** *Holztafel mit eingeritzter Schreibübung,* ***2.*** *aufgeschlagene Doppelwachstafel,* ***3./4.*** *versiegelte Papyrusbriefe,* ***5.*** *Papyrusrolle,* ***6.*** *Tintenfass,* ***7.*** *Doppeltintenfass,* ***8.*** *Notizbüchlein, aus vier Wachstafeln zusammengeheftet,* ***9.*** *Siegelstein mit Schnur,* ***10.*** *Siegelring,* ***11.*** *Schreibpalette mit Rohrfedern,* ***12–14.*** *Griffel aus Metall,* ***15.*** *Rohrfeder,* ***16.*** *Schutzhülle für Rohrfeder mit Tintenfass.*

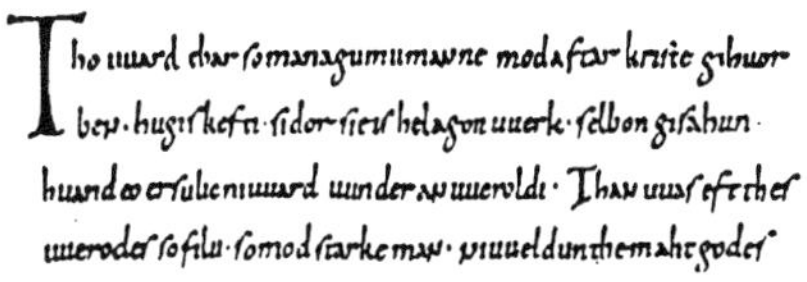

▲ *Heliand, ca. 825 n.Chr.*

▲ *Älteste erhaltene Gudrun-Handschrift, 16. Jh.*

| *Sinaitisch* | *Kanaanit.-Phönizisch* | *Frühes Griechisch* | *Spätes Griechisch* | *Lateinisch* | *Heute* |
|---|---|---|---|---|---|
| [illegible] | [illegible] | A | A | A | A |
| [illegible] | [illegible] | [illegible] | B | B | B |
| [illegible] | [illegible] | Γ | Γ | C G | C G |
| [illegible] | [illegible] | Δ | Δ | D | D |
| [illegible] | [illegible] | [illegible] | E | E | E |
| [illegible] | [illegible] | [illegible] | F | F V | FUVWY |
| [illegible] | [illegible] | I | I | | Z |
| [illegible] | [illegible] | H | H | H | H |
| [illegible] | [illegible] | ⊗ | ⊗ | | (Th) |
| [illegible] | [illegible] | [illegible] | [illegible] | I | I J |
| [illegible] | [illegible] | K | K | | K |
| [illegible] | [illegible] | [illegible] | L ∧ | L | L |
| [illegible] | [illegible] | M | M | M | M |
| [illegible] | [illegible] | N | N | N | N |
| [illegible] | [illegible] | Ξ | Ξ | X | (X) |
| [illegible] | [illegible] | O | O | O | O |
| [illegible] | [illegible] | [illegible] | Γ | P | P |
| [illegible] | [illegible] | M | M | | (S) |
| [illegible] | [illegible] | Φ | Ϙ | Q | Q |
| [illegible] | [illegible] | [illegible] | P | R | R |
| [illegible] | [illegible] | Σ | Σ | S | S |
| [illegible] | [illegible] | T | T | T | T |

# Mit Schild und Wappen
## Heraldik 1

### *Wie kam es zu Fahnen und Flaggen?*

Die Vorgeschichte der Flaggen und Fahnen geht zurück bis in die früheste Menschheitsgeschichte. Als die Menschen noch von der Jagd lebten, fühlten sie sich eng mit der Tierwelt verbunden. Sie zeichneten Bilder von Tieren auf die Wände ihrer Höhlen und schnitzten sie in Holz oder meißelten sie in Stein. Sie dachten, sie könnten durch solche Bilder Zaubergewalt über die Tiere erlangen, oder sie erhofften sich magische Hilfen von den dargestellten Geschöpfen; oder sie glaubten, einer ihrer fernen Vorfahren sei ein Bär oder ein Adler gewesen. Mancher Volksstamm (ein Stamm bestand aus Familien, die miteinander verwandt waren) gab sich darum den Namen eines Tieres und dies Tier wurde zum Stammessymbol. In der Sprache der Indianer hieß das Wort für dies Stammessymbol *Totem*.

Das Totem wurde in die Tore oder in Pfähle geschnitzt, die man vor die Wohnungen stellte. Krieger trugen ihr Totem mit in die Schlacht. Später wurden die Totemtiere auf die Schilde gemalt. Daraus entwickelten sich später die Standarten der römischen Legionen, Abzeichen, die auf hohen Stangen getragen wurden. Dieser Brauch erwies sich als sehr nützlich. Wenn sich die Soldaten während des Kampfes aus den Augen verloren, konnten sie nach der Standarte ihres Anführers Ausschau halten und so ihre Waffenbrüder leichter wiederfinden.

*Totempfahl*

*Römische Standarte*

Das Totem der ägyptischen Herrscher – der Pharaonen – war ein Falke.

Während der Kreuzzüge des Mittelalters wurde es bei den Rittern Brauch, ein Wappen zu haben. Ursprünglich wurden diese Zeichen auf die Kleider genäht, die die Ritter über ihren Rüstungen trugen. (Sie trugen Überwürfe, weil eine Rüstung in der Sonne sehr heiß wurde.)
Ähnlich wie die Stammessymbole haben auch die meisten Wappen ihre Geschichte. Ein Wappen konnte Vögel, Blumen, Löwen, Drachen oder andere Abbilder enthalten, die im Leben eines Ritters eine Rolle gespielt hatten. Das Wappen vererbte sich auf die Nachkommen.
Als der erste Kreuzzug begann, befahl der Papst allen Kreuzrittern, Wappenschilder zu tragen, die das Zeichen des Kreuzes enthielten. Zum Kreuz konnte jeder, der wollte, noch andere Zeichen hinzufügen.
Das Kreuz war das Kennzeichen, dass sein Träger ein Christ war. Andere Christen sollten ihn daran erkennen und ihm auf der Reise in den Osten ihre Hilfe anbieten.
Die Wappenschilder hatten noch einen anderen Zweck. Ohne sie konnte man nicht erkennen, wer in einer Rüstung steckte, vor allem bei geschlossenem Visier. Im Mittelalter gab es auch unter den Rittern in Europa mancherlei Kämpfe. Da war es gut zu wissen, wer Freund oder Feind war. Auch aus diesem Grunde ist es Sitte geworden, Wappen zu tragen.
Dem Adel hat die Idee, ein Wappen zu tragen, sehr gefallen. Die Adligen haben ihre steinernen Tore damit geschmückt, ließen ihre Wappen auf Schüsseln und Teller malen, in Tücher weben und Banner damit besticken.
Mit der Zeit hielten sich die Fürsten besondere Diener, Herolde oder Heroldsmeister, die sich genau mit allen Wappen auskannten. Sie zeichneten alle bekannten Wappen auf und schrieben hinzu, wem sie gehörten und was sie bedeuteten. Von diesen Herolden stammt die Heraldik genannte Wappenkunde, die uns viel über die Geschichte alter Adelsgeschlechter verrät.

Allmählich entstand eine Fülle bestimmter Regeln, wie Wappen beschaffen sein sollten. Oberstes Gebot war: ein Wappen muss von weitem gut erkennbar sein. Auch für die Farbwahl gab es Vorschriften. Zum Beispiel durften Gold und Silber sich nicht berühren. Diese Regel wurde später auch auf die europäischen Flaggen angewendet – mit einer Ausnahme: in der Flagge der Vatikanstadt, wo der Papst lebt, berühren sich Gold und Silber.

Als keine Ritterrüstungen mehr getragen wurden, waren Wappen für Kriege nicht mehr nötig. Beim Adel und bei Leuten, die vornehm sein wollten, blieben sie jedoch beliebt. Herolde gibt es noch heute in England. Sie sind dort eine Art Zeremonienmeister. Bei besonderen Gelegenheiten werden noch heute neue Wappen und neue Flaggen von Kennern entworfen, die man Heraldiker nennt.
Früher war ein Wappen ein Symbol, das nur einer Familie gehörte. Später haben auch viele Städte und Länder ein eigenes Wappen geführt, und viele führen es noch. Manche Nationalflaggen haben sich aus Wappen entwickelt.

*Jerusalem* — *Deutschland* — *Frankreich* — *Granada*

# Mit Schild und Wappen

## Heraldik 2

*Wappen und Herrschaftszeichen*

▶

***A. Farben:***
*1. Rot. – 2. Purpur. – 3. Blau. – 4. Grün (frz.: sinople, von Sinop, einem türkischen Hafen, dessen grüne Bäume die Kreuzritter in Erstaunen versetzten). – 5. Schwarz (frz. sable, von Sabellis pellis, einem kleinen Tier, das in der Nähe der heiligen Stätten in großer Zahl anzutreffen war, oder vom polnischen sabol, Zobel). – 6. Orangegelb (Orangegelb und blutrot sind nur in Großbritannien gebräuchlich).*

***B. Metalle:***
*1. Gold. – 2. Silber.*

***C. Pelze:***
*1. Hermelin. – 2. Gegenhermelin. – 3. Feh. – 4. Gegenfeh. – 5. Gegenfeh in Plätzen geschacht. – 6. Eisenhütchen. – 7. Gegeneisenhütchen.*

***D. Die wichtigsten Teilungen:***
*1. Gespalten. – 2. Geteilt. – 3. Schrägrechts geteilt. – 4. Schräglinks geteilt. – 5. Geviert. Eine Kombination von gespalten und geteilt. – 6. Rautenförmig (schräg) geviert. Eine Kombination der Schrägrechts- und Schräglinksteilung. – 7. Geständert. Eine Kombination aus waagerechter und senkrechter Teilung und Einbeziehung der Schräglinien. – 8. Zweimal gespalten. – 9. Balken oder Binde. – 10. Schräglinksbalken. – 11. Schrägrechtsbalken. – 12. Sparren.– 13. Deichselschnitt. – 14. Spitze. – 15. Zweimal gespalten und geteilt in 9 Plätzen. – 16. Acht Felder. – 17. Geschacht.*

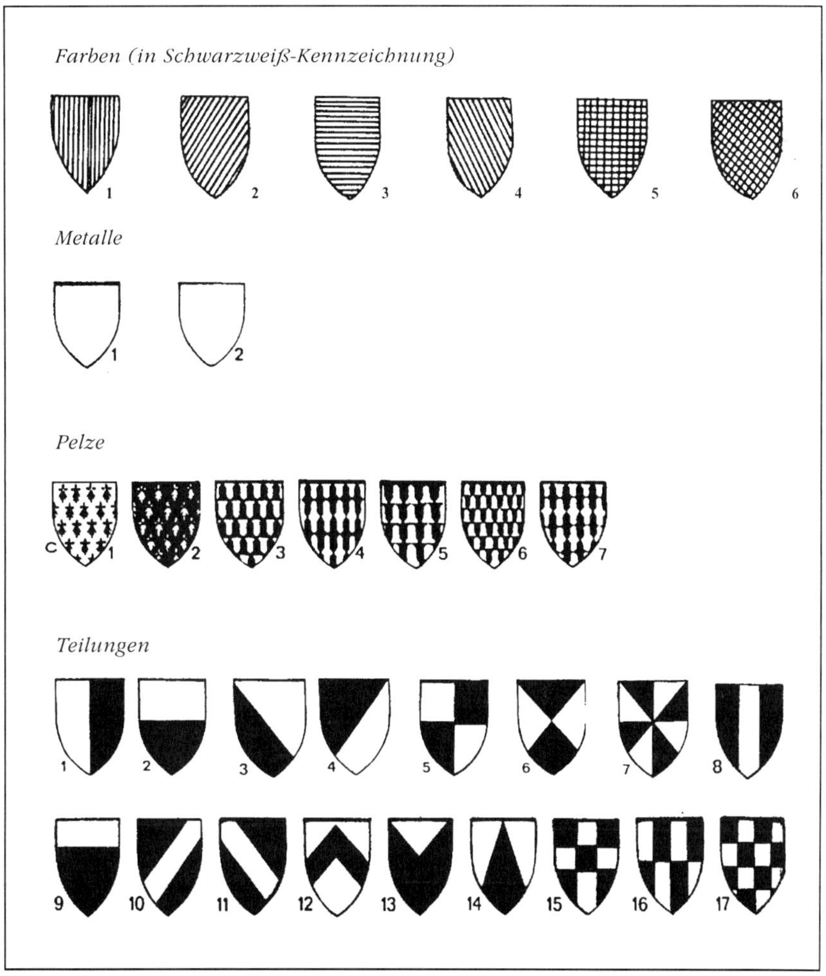

▲ *Wie die Tuchmacher und die Müller haben alle Zünfte Wappen. Sie stellen fast immer Werkzeuge oder Erzeugnisse ihres Handwerks dar. Auf manchen Zunftwappen ist zusätzlich das Wappen der Stadt abgebildet.*
*Könige und Hochadel zeigen im Krieg, beim Turnier und an ihren Häusern ihre Wappen. Richard II., König von England (2), und der englische Herzog von Percy (1) haben ebenso ihre Wappen wie die französischen Grafen von Coucy (3) oder von Montmorency (4).*

▼ *Selbst Pilger geben sich durch Zeichen zu erkennen: hier die berühmte „Jakobsmuschel" von Santiago de Compostela.*

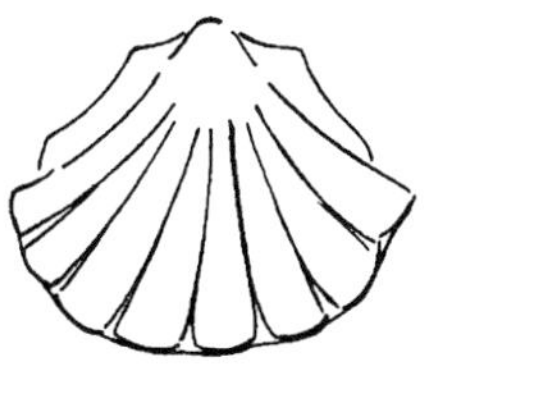

# Geld regiert die Welt

## Numismatik 1

Die Numismatik (= Münzkunde) ist die Lehre vom Münzwesen.

Oft, wenn schriftliche Quellen aus alter Zeit fehlen, helfen die Münzen, die Kultur- und Wirtschaftsgeschichte eines Landes in einer bestimmten Zeit zu verstehen.
Wenn fremde Münzen auftauchen (z.B. in Grabfunden), erfährt der Geschichtswissenschaftler etwas über Wirtschaft und Handel, bei Münzschatz-Funden auch über Kriege, Herrschaftsverhältnisse und Unruhen in einem Land.

Es gab allein im Gebiet des heutigen Europa Hunderte von verschiedenen Münzen und sehr viele *Währungssysteme*.

Als *Goldmünzen* wurden z.B. Florenen, Dukaten und Gulden geprägt; *Silbermünzen* hießen zum Beispiel Gros tournois (Groschen), Witten oder Weißlinge (Albi), Schillinge, Taler (nach der Prägewerkstatt Joachimstal) oder – wie heute noch – Mark.

Um auch die vielen kleinen Scheidemünzen (Wechselgeld) zu kennen und zu jeder Münzsorte den Wert in Edelmetall musste man schon ein erfahrener *Wechsler* sein; deshalb wurde das Bank- und Wechselgeschäft auch zu einem eigenen Beruf.

### *Münzherstellung*

Von der Antike an bis zum Beginn des 16. Jahrhunderts wurden die Münzen zwischen Ober- und Unterstempel vom Münzmeister mit dem Hammer geschlagen. Es war eine mühevolle Arbeit.
Das nebenstehende Schema zeigt den äußeren Vorgang. Das wichtigste Werkzeug für diese Arbeit war der Münzstempel. Er bestand aus gehärtetem Eisen oder gehärteter Bronze. Auf die polierte Oberfläche schnitt der Stempelschneider das Bild der Münze spiegelverkehrt in der entsprechenden Größe ein.
Das zur Prägung fertige Metallstück (der Schrötling) wurde auf einem Amboss mit kräftigen Hammerschlägen zur Münze geprägt. Bei diesem etwas groben Prägevorgang fielen die Münzen fast nie ganz rund aus. So gab es häufig gesprungene Ränder und das Münzbild war oft unvollständig ausgeprägt.
Die griechischen Stempelschneider waren Künstler ihres Faches. So ist es zu verstehen, dass die Münzen der alten Griechen meisterliche Bildwerke sind und von keiner nachfolgenden Zeit mehr übertroffen wurden.
Die gegossenen, ei- oder kugelförmigen Schrötlinge für die sehr erhabenen griechischen Münzen des siebten bis fünften Jahrhunderts v.Chr. wurden heiß mit der Zange über den Unterstempel gehalten und zu Münzen geschlagen. Die größten Münzen gab es im Altertum. Diese gegossenen (nicht geschlagenen) Münzen der römischen Republik haben Durchmesser bis zu 73 mm. Den Griechen verdanken wir die kleinsten Geldstücke, Münzen von kaum 3 mm Durchmesser.
Um 1550 n.Chr. beginnt in Tirol mit der Erfindung des Münzwalzwerks

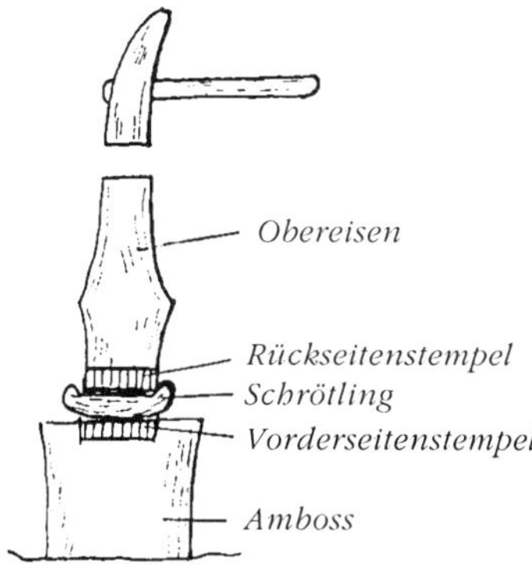


▲ *Schema der Handprägung*

eine völlig andere Herstellung der Münzen: Die Münzbilder wurden auf Eisenwalzen eingeschnitten. Diese Walzenprägemaschinen gab es nach und nach in allen Münzstätten Europas.
In neuester Zeit wird von einem großen Münzmodell das Münzbild mit entsprechenden Maschinen auf den Originalstempel übertragen und eingraviert. Die Schmelze der Legierungen gießt man in eiserne Formen, wo sie zu Stäben erstarrt. Diese Stäbe werden dann zu Platten von genauer Dicke ausgewalzt und die Münzplättchen ausgestanzt.
In einer Sortiermaschine erfolgt die Gewichtprüfung der Münzplättchen, wobei die vom Gewicht abweichenden ausgeschieden werden.
Nun beginnt das Prägen der gewichtrichtigen, chemisch gereinigten Münzplättchen. In stählernen Stempeln der Prägepresse ist in die zueinander gewandten Stirnflächen das Negativ der Ober- und Rückseite der Münzen eingraviert. Unter dem Druck von 20 bis 250 t liefert die Prägepresse stündlich 5000 bis 8000 Münzen, die einander völlig gleich sind.

**Arbeitsblatt 15**

**Gruppe 6**

# Geld regiert die Welt

## Numismatik 2

***Urmünzen:***
*Eine der Urmünzen Alt-Europas: Bildloses Elektron-Klümpchen (natürliche Gold-Silber-Legierung) mit zwei Stempel-Einschlägen als Eichmarken. Lydien, um 700 v.Chr.*

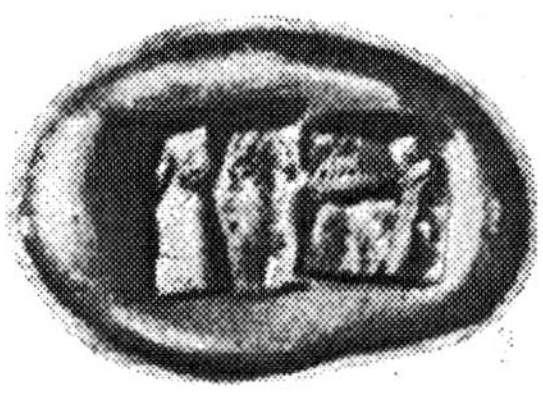

***Münzen mit Wappentieren:***
*Pegasus, Silber-Stater aus Korinth. Um 480 v.Chr. Der Stater war Münz- und Gewichtsbezeichnung und zwei Drachmen wert.*

***Münzen mit mythologischen Figuren:***
*Kopf der Pallas Athene in ihrer Rüstung als Schutzherrin der Städte. Gold-Stater Alexanders von Makedonien. Um 336 v.Chr.*

***Münzen mit Herrscherköpfen:***
*Caesarkopf, Denar aus der Zeit Caesars. Der Denar, 269 v.Chr. erstmals geprägt, war die wichtigste Silbermünze Roms.*

• ***Ordne zu:***

1. Belagerungsmünze: Jülich, 7 Gulden 1610.

2. Silbermünze mit dem Kopf Kaiser Karls des Großen. Die Münzumschrift: „CAROLUS IMP(erator) [=Kaiser] AUG(ustus)."

3. 5-Franc-Stück (Silber) aus dem Jahre 1808. Diese Münze wurde im Auftrag von Jerome Napoleon für das Westfälische Königreich geprägt.

4. Brakteat oder Hohlpfennig nannte man die mittelalterlichen Münzen aus dünngewalztem Silberblech. Sie waren nur auf einer Seite geprägt. Unsere Abbildung zeigt einen Brakteaten aus einem Buch über das Münzwesen, das 1752 in Ulm erschienen ist.

5. Dieser schöne Salvatortaler zeigt den Schwedenkönig Gustav Wasa (König Gustav I.), der sich 1520 gegen die dänische Unterdrückung erhoben hatte. 1527 führte er in seinem Königreich Schweden die lutherische Reformation ein.

# Im Namen des Vaters

## Genealogie

Die *Genealogie* (griech.-lat.: Geschlechter- und Familienkunde) befasst sich mit Vorfahren und Nachkommen bzw. mit den Familienverhältnissen von Personen.
Man forscht Abstammungsverhältnissen nach, um rechtliche Ansprüche (Erbe) zu klären oder um sich ein Bild von der Umwelt und den Erziehungsverhältnissen machen zu können.
Da man sich in unserem „vaterrechtlichen" Kulturkreis immer stärker für die männlich Erben interessiert(e), fehlen für Frauen und Mädchen oft die Angaben.
Die Ergebnisse genealogischer Detektivarbeit sind oft sehr interessant:
So fand man heraus, dass Karl der Große vier Frauen und mindestens sechs Geliebte (Konkubinen) hatte, von denen mindestens 15 oder mehr Kinder stammen.

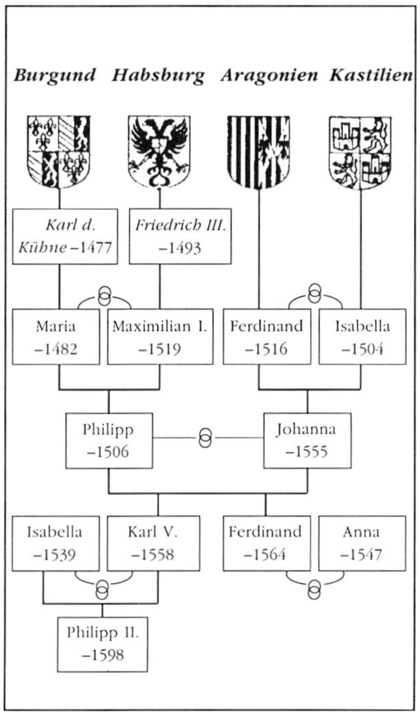


Die obige Stammtafel zeigt, wie der Habsburger Philipp der Schöne durch Heirat mit der Spanierin Johanna ein Riesenreich zusammenbringt. Das erbt (zusammen mit seiner Mitgift Portugal) der Kaisersohn Karl V., später selbst deutscher Kaiser.

*Karl der Große* (742–814) – *Karlmann* († 771 im Kloster) – *Adelheid* – *Rotheid* – *Gisela* (751–810 † im Kloster)

***Die Frauen Karls und ihre Nachkommen***

*Desiderata*
Tochter des Langobardenkönigs Desiderius
(771 verstoßen)

*Hildigard*
Enkelin des Alemannenherzogs Gottfried
(771–783)
- Karl (772–811)
- Pippin (773–810) König in Italien
- Adelheid († als Kind)
- Rotrud (775–810)
- Ludwig der Fromme (778–840) Kaiser
- Lothar (778–780) Ludwigs Zwillingsbruder
- Berta (geb. um 779, † nach 829)
- Gisela (geb. 781)
- Hildegard (782–783)

*Fastrada*
Tochter des fränkischen Grafen Radulf
(783–794)
- Theodrade Äbtissin
- Hiltrud

*Luitgard*
aus Alemannien
(† 800)

***Karls Nebenfrauen und ihre Nachkommen***

*Himiltrud*
- Pippin der Bucklige (769–811) † als Mönch im Kloster Prüm

*Madelgard*
- Rothild Äbtissin

*Gerswinda*
- Adeltrud

*Regina*
- Drogo Bischof († 855)
- Hugo Abt († 844)

*Adelind*
- Theoderich Mönch

*eine weitere Konkubine (ist namentlich nicht bekannt)*

▲ *Die Familie Karls des Großen*

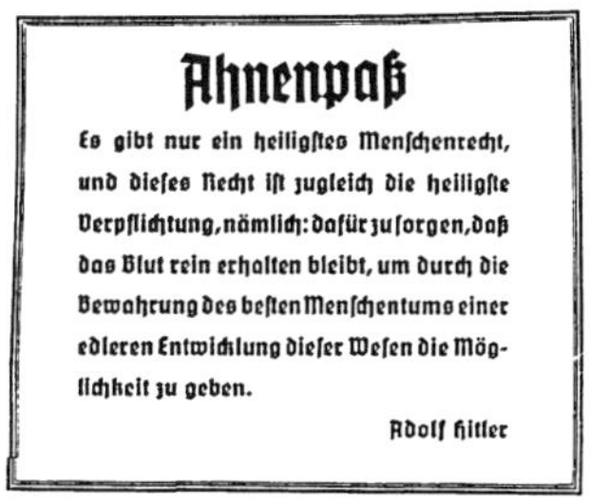

**Ahnenpaß**

Es gibt nur ein heiligstes Menschenrecht, und dieses Recht ist zugleich die heiligste Verpflichtung, nämlich: dafür zu sorgen, daß das Blut rein erhalten bleibt, um durch die Bewahrung des besten Menschentums einer edleren Entwicklung dieser Wesen die Möglichkeit zu geben.

Adolf Hitler

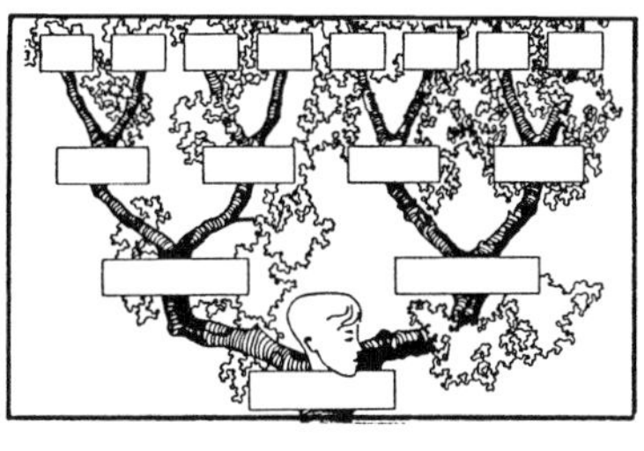

- ***Was wird aus den Geschwistern, Söhnen und Töchtern Karls, soweit dies bekannt ist?***
- ***Wie viel Kinder hat Karls Gattin Hildigard? In welchen Abständen werden sie geboren?***
- ***Schätze aus den angegebenen Lebensdaten die Lebenserwartung in damaliger Zeit? Wie groß ist sie heute?***
- ***Versuche die Lebenserwartung von damals zu begründen.***
- ***Und die Nebenfrauen?***

◀ *Beispiel für nationalsozialistische Ahnenforschung (Rassenideologie).*
*Darunter Beispiel für einen Stammbaum, der eigene Verwandtschaftsverhältnisse darstellen kann (siehe auch S. 105).*

# Versunkene Schätze

## Kurzfassung Archäologie

### *Archäologie als Wissenschaft*

Die Erforschung alter Kulturen hat sich aus einer Liebhaberei einzelner Männer innerhalb der letzten 200 Jahre zu einer Wissenschaft entwickelt. Die meisten anderen Gebiete der Wissenschaft unterscheiden sich jedoch von der Archäologie in einem wichtigen Punkt. Wenn z.B. ein Chemiker aus einer Versuchsreihe falsche Schlüsse zieht, hat er meist die Möglichkeit, den Befund noch einmal zu prüfen und dann die richtigen Schlüsse zu ziehen. Der Archäologe aber kann einen Fundgegenstand oft schon in dem Augenblick, in dem er ihn genauer untersuchen will, zerstören. Wenn das geschieht, ist die Gelegenheit, irgendwelche Schlüsse zu ziehen, ein für alle Mal vorbei.

Pioniere der Archäologie haben oft bedeutende Aufschlüsse über die Vergangenheit dadurch vereitelt, dass sie nur von dem Wunsch besessen waren, wertvolle Kunstgegenstände anzuhäufen. Heute machen die Archäologen von jeder Etappe einer Ausgrabung fotografische Aufnahmen, sie fertigen maßstabgetreue Skizzen an, in welche die einzelnen Ausgrabungsschichten und die genaue Lage der Funde eingetragen werden; darüber hinaus halten sie alle Beobachtungen auch noch schriftlich fest.

Schon lange bevor der Archäologe mit der Ausgrabung beginnt, sichert er sich den bestmöglichen Erfolg, indem er nicht nur eventuell vorhandene Literatur über den Ort der Ausgrabung durcharbeitet, sondern auch Luftaufnahmen machen lässt und verschiedene physikalische Messungen durchführt.

Hat er seine Arbeit am Ausgrabungsort abgeschlossen, so verwenden Spezialisten aus vielen Sparten der Wissenschaft und der Technik oft noch Monate oder sogar Jahre darauf, brüchige oder zerfressene Dokumente wieder lesbar zu machen, Kunstgegenstände zu datieren und zu konservieren und auch die kleinsten Anhaltspunkte, die der Archäologe zu Tage gefördert hat, auszuwerten.

*Trifft der Archäologe bei Ausgrabungen auf eine Mauer, so nimmt er zunächst einen Vertikalstich vor. Die verschiedenen Schichten zeigen ihm dann die Veränderungen des Bodens und des Bauwerks in chronologischer Reihenfolge.*

*Wären die verschiedenen Erdschichten gleich entfernt und die Mauer ganz freigelegt worden, so könnte man nur schwer auf die Ereignisse schließen, die zu verschiedenen Zeiten über diese Stätte hinweggegangen sind.*

▲ *Die Technik des Vertikal-Schnittes zur Sicherung der zeitlichen Abfolge von (Bau-)Ereignissen.*

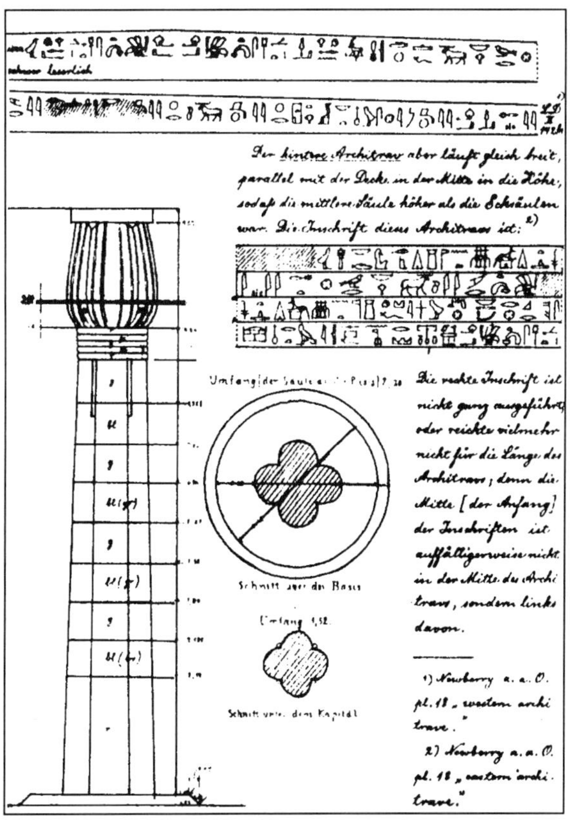

◀ *Der deutsche Gelehrte Richard Lepsius war der Erste, der jede Phase seiner Grabungen in Ägypten schriftlich festhielt. Das Beispiel zeigt seine exakten Notizen. Lepsius war auch der Erste, der Inschriften kopierte und Abgüsse von Reliefen usw. anfertigte. So unterscheiden sich die wissenschaftlichen Archäologen von Schatzsuchern, die bei der Jagd nach wertvoller Beute die anderen Hinweise zerstörten.*

***Eine ausführliche Darstellung der Archäologie findet sich in „Projekt Geschichte, Bd. 1"!***

# Man hätte ihn gehangen

## Rechtsgeschichte

Kölner Stadt-Anzeiger – Nr. 233/16 QUER DURCH KÖLN Dienstag, 7. Oktober 1986

**Auf der Suche nach der Wahrheit – Die grausamen und absurden Beweismethoden der Gerichte**

# Selbst die Folterknechte empfanden oft Mitleid

**Leumundszeugen, Zweikampf, Gottesurteil und Eisenprobe**

Von unserem Redakteur Wolfgang Brüser

Pauwels Noitsche, wohnhaft auf dem Eigelstein, beschuldigte im Jahr 1431 eine junge Frau, sie habe einen vergrabenen Topf mit Geld an sich gebracht, zu ihrem Stiefvater Gotschalk Meisgin heimgetragen, der sie damit zur Heirat ausstattete. Diesen Vorwurf wollten die beiden nicht auf sich sitzen lassen. Sie verklagten daher Pauwels Noitsche vor dem Hochgericht wegen übler Nachrede.

Noitsche blieb bei seiner Behauptung und so sperrte der Greve (Gerichtsvorsitzende) bis zum Abschluss seiner Untersuchung Meisgin und Noitsche kurzerhand ein. Meisgin landete im Keller des Greven, Noitsche wurde in das erzbischöfliche Gefängnis, die Hacht, eingeliefert. Dort ließ er es sich gut gehen, denn er hatte Geld. Franz Irsigler und Arnold Lassotta zitieren in ihrem Buch „Bettler und Gauner, Dirnen und Henker“ aus der Koelhhoffschen Chronik: „Ihm sott und briet man Hühner, behandelte ihn gut; er aß am Tisch des Gefängnisdirektors und trank vom Besten.“

Meisgin hingegen wurde gefoltert – ein halbes Jahr lang, doch der Mann blieb standhaft und beteuerte seine Unschuld.

Schließlich schaltete sich der Rat der Stadt ein und verhörte die Beteiligten. Beide blieben bei ihrer Aussage und so wurde Meisgin erneut gefoltert. Er klagte: „Ihr lieben Herren, ich bin ein kleiner, armer Mann. Ihr habt mir zweimal vorher schon die Gesundheit zerbrochen, meine Glieder aus- und eingereckt und gequetscht … ich schwöre, dass er (Noitsche) mir übel will und lügt.“

Man ließ die Stieftochter holen, die gerade ihr Neugeborenes stillte, brachte sie zum Haus des Greven und ließ auch sie auf Begehr Noitsches foltern. Die Tortur war so grausam, dass niemand sie mit ansehen konnte: „der scharprichter pingede (folterte) si, dat ir die milch mit dem bloide zo den borsten (Brüsten) weder die muire uissprank, dat is niemant sein (sehen) enmocht.“ Doch auch die junge Frau blieb standhaft und das beeindruckte die Herren. Nun ließen sie Noitsche, der endlich zugab, nur ein Hörensagen weitergegeben zu haben, in den Stock legen.

**Die Frage nach Schuld oder Unschuld eines Angeklagten war zu jeder Zeit auch eine Frage der Beweiswürdigung. Die Methoden, mit denen die dem Erzbischof unterstehende Hochgerichtsbarkeit im Mittelalter der Wahrheit auf die Spur zu kommen trachtete, waren unglaublich grausam und aus heutiger Sicht manchmal absurd. Die Zahl der Leumundszeugen, Gottesurteile mit Wasser-, Feuer- oder Eisenprobe, gerichtlicher Zweikampf und Folter, das waren die Mittel zur Wahrheitsfindung.**

**Nicht anders als heute war das Geständnis eines Angeklagten der treffendste Beweis seiner Schuld. Und wo ein Geständnis fehlte, da versuchte man mit Hilfe der peinlichen Befragung Klarheit zu gewinnen – es wurde gefoltert. Und die Tortur war manchmal so grausam, dass selbst die Peiniger von Mitleid gerührt wurden.**

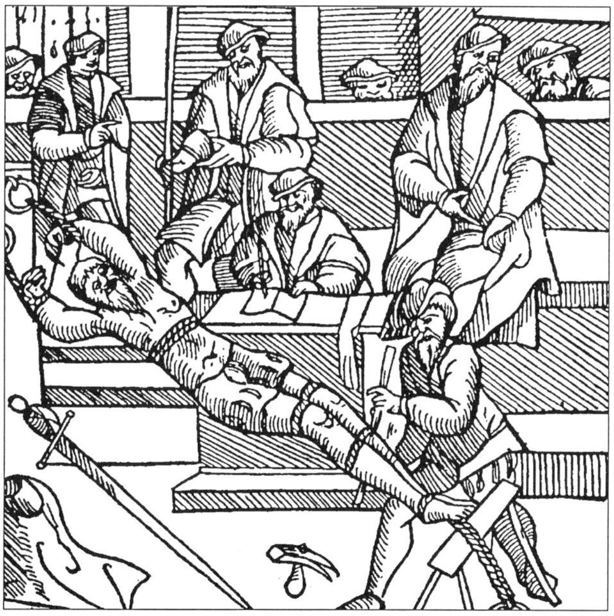

**DIE FOLTERMETHODEN** *waren im Mittelalter vielfältig. Hier wird ein Angeklagter der Tortur des „Streckens“ unterzogen.*

**„Man hätte ihn gehangen“**

Drei Tage später läutete die Gerichtsglocke. Greve und Schöffen beschlossen, Meisgin seine Auslagen zu ersetzen und ihm auch ein Schmerzensgeld (vur sinen smertzen) zu zahlen; 10 Gulden, nach heutiger Kaufkraft 7000–10 000 Mark.

Meisgin und seine Stieftochter kamen also frei, mussten nun aber noch als Kläger gegen Noitsche vor dem Hochgericht auftreten. Sie wollten jedoch keine Rache. So kam Pauwels Noitsche frei. Der Chronist berichtet: „Hätten die guten Leute seine Hinrichtung gewollt, man hätte ihn gehangen.“

Das hohe weltliche Gericht des Erzbischof, vor dem Meisgin und Noitsche erscheinen mussten, hatte seinen Sitz auf dem Domhof. Es gehörte neben dem hohen geistlichen Gericht und dem Hofgericht zur Hochgerichtsbarkeit der Bischöfe, die bis zum Ende des 18. Jahrhunderts in Köln Bestand haben sollte. Es war mit Schöffen besetzt und tagte unter dem Vorsitz des vom Erzbischof eingesetzten Greven (von Graf) und entschied vor allem in Kriminalsachen über Leben und Tod (siehe auch: „Gerichte gab es im Überfluss“).

Wer in das schmale Stufengiebelhaus zitiert wurde und in dem einzigen Raum des Gebäudes vor den auf einem Thron an der Kopfwand sitzenden Richter treten musste, dessen körperliche Unversehrtheit stand auf dem Spiel. Denn zu einer Zeit, in der nicht selten statt Augenzeugen allein die Anzahl der herbeigebrachten Leumundszeugen über Recht und Unrecht der streitenden Parteien entschied, gab es auch entschieden handfestere Methoden der Wahrheitsfindung.

In der Annahme, Gott werde es nicht zulassen, dass Menschen zu Unrecht verurteilt würden, galten zeitweise Feuer-, Wasser-und Eisenprobe sowie der gerichtliche Zweikampf als beweiskräftige Verfahrensarten. So hatte das Kölner Hochgericht zur Entscheidung solcher Fragen einen eigens hergerichteten Ort, den Kampfhof in Nähe des Gerichtsgebäudes.

*Fortsetzung auf AB 19!*

**Arbeitsblatt 19**

**allgemein**

# Man hätte ihn gehangen

## Rechtsgeschichte (Fortsetzung)

*Fortsetzung des Artikels „Selbst die Folterknechte empfanden oft Mitleid"*

---

**Wer stotterte, verlor den Prozess**

Dort wurden in der Gewissheit, Gott werde dem Ehrlichen die Kraft zum Sieg geben, gerichtliche Zweikämpfe ausgetragen. Wer wollte, konnte selbst in die Schranken treten, wer genügend Geld besaß, hatte die Möglichkeit, einen Berufskämpfer für sich streiten zu lassen.

Diese Art des Beweisverfahrens wurde 1258 mit dem „Großen Schied" abgeschafft. In diesem Vergleich, der zu den ständigen Kompetenzstreitigkeiten zwischen Erzbischof und Stadt Stellung nahm, bestätigte Albertus Magnus den Bürgern das Recht, nicht mehr zum gerichtlichen Zweikampf gefordert werden zu können.

Neben dieser Art von Gottesbeweisen gab es auch noch die Proben, bei denen Gott selbst als Zeuge angerufen wurde. Bei der Eisenprobe etwa musste der nicht geständige Angeklagte einen glühenden Eisenstab anfassen. Die hierbei entstehende Brandverletzung wurde vor Gericht verbunden. Nach drei Tagen wurde dann der Verband abgenommen: War die Verletzung normal verheilt, so galt das als Beweis der Unschuld, hatte sich die Hand entzündet, so stand die Schuld des Betreffenden fest.

Zu den fast schon kurios zu nennenden Möglichkeiten, sich von Vorwürfen vor Gericht rein zu waschen, zählte im Mittelalter auch das fehlerfreie Aufsagen bestimmter Formeln. Wer hierbei ins Stottern geriet, verlor seinen Prozess. So kritisierte schon im 15. Jahrhundert Nikolaus von Cusa: „Vor allem soll man die Fallstricke der Prozessformeln beseitigen, denn oft werden die einfältigen Armen von den Winkelzügen der Anwälte zu einem Formfehler gebracht und verlieren dann den ganzen Prozess. Denn wer gegen den Buchstaben fehlt, der hat sein Recht verfehlt, das habe ich oft genug gesehen."

Im Laufe der Zeit setzte sich dann die Erkenntnis durch, daß diese frühmittelalterlichen Beweismethoden nicht der Weisheit letzter Schluß waren. Professor Dr. Hans-Jürgen Becker von der Kölner Universität: „Das Geständnis rückte in den Vordergrund – und damit leider auch die Folter."

### Gerichte gab es im Überfluss

Neben dem hohen weltlichen Gericht unterstanden noch zwei weitere Gerichte dem Erzbischof: Das hohe geistliche Gericht war zuständig für Klagen von oder gegen Geistliche, das Hofgericht hatte die Funktion eines Appellationsgerichtes. Neben diesen drei Rechtsprechungsorganen gab es im mittelalterlichen Köln noch eine Vielzahl weiterer Gerichte. Der Rat, der im Laufe der Zeit auch in diesem Bereich in Kompetenzen der Kirche eingedrungen war, hatte zunächst das Bürgermeister- und Armeleutegericht installiert. Es war zuständig für größere Schuldklagen, Erbstreitigkeiten und Immobilien. Hinzu kam das Fiskalgericht, das Verstöße gegen Ratsverordnungen ahndete; das Amtsgericht verhandelte über Beleidigungen und seit dem 14. Jahrhundert urteilte auch noch ein vom Rat gebildetes Gewaltgericht in kleineren Kriminalsachen; mit der Folge, dass Straftäter doppelt belangt werden konnten – vom erzbischöflichen Hochgericht und vom städtischen Gewaltgericht.

Dann gab es auch noch Sondergerichte: so etwa das Pferdegericht (Pferdehandel), das Gericht in der Weinschule (Weinhandel), das Gericht in der Halle am Altermarkt (Marktstreitigkeiten) und das Gericht in der Wollküche für den Wollhandel. Mit der Aufzählung dieser Spezialgerichte, die weit davon entfernt ist, vollständig zu sein, ist das Kölner Gerichtswesen noch immer nicht hinlänglich beschrieben. Denn auch die zwölf an den Pfarren angelehnten „Sondergemeinden" hatten ihre Gerichtsbarkeit behaupten können. Die Bürgerichte der Sondergemeinden waren für Bagatellklagen sowie für das Schreinswesen zuständig.

Dieser kurze Überblick gibt einen Eindruck davon, „wie verwirrend und kompliziert die mittelalterliche Gerichtsverfassung Kölns war."

Dr. Adolf Klein, Vorsitzender Richter am Oberlandesgericht: „Das Nebeneinander dieser Gerichte wirkte wie Wildwuchs. Verzahnt wurden sie durch komplizierte Rechtszüge, Kompetenzstreitigkeiten waren natürlich an der Tagesordnung."

WB

*(Kölner Stadt-Anzeiger, 7. Oktober 1986)*

# Teste dich selbst …

- **10 Minuten**
- **Stichwort-Antworten**
- **mögliche Bewertung deiner Ergebnisse:**

| | | | |
|---|---|---|---|
| 15 – 17 | Punkte | = | Note 1 |
| 12 – 14 | Punkte | = | Note 2 |
| 9 – 11 | Punkte | = | Note 3 |
| 6 – 8 | Punkte | = | Note 4 |
| 3 – 5 | Punkte | = | Note 5 |
| 1 – 2 | Punkte | = | Note 6 |

1. **Was sind „Quellen“ (allgemein)?**
*(2 Punkte)*

______________________

______________________

______________________

2. **Erkläre Bernsteins Unterteilung der Quellen in Überreste und Traditionen mit einigen Beispielen!**
*(2 Punkte)*

______________________

______________________

______________________

3. **Welche Bedeutung kann die „Historische Geographie“ für den Geschichtswissenschaftler haben?**
*(1 Punkt)*

______________________

______________________

______________________

4. **Als man die Erde noch für eine Scheibe hielt, wurden sog. „Radkarten“ gezeichnet. Erkläre die bezifferten Teile in der unten stehenden Skizze!**
*(2 Punkte)*

______________________

______________________

______________________

______________________

______________________

______________________

______________________

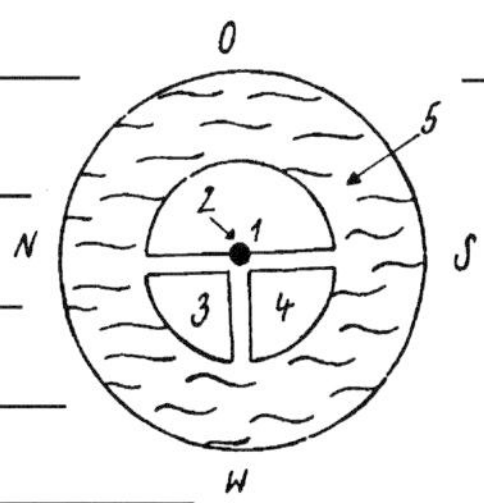


5. **Was erforscht die „Chronologie“ als historische Hilfswissenschaft?**
*(1 Punkt)*

______________________

______________________

______________________

6. **Gib einige Beispiele für unterschiedliche Formen der Jahreszählung!**
*(2 Punkte)*

______________________

______________________

______________________

7. **Diplomatik (nicht zu verwechseln mit „Diplomatie“) beschäftigt sich mit …**
**Nenne Beispiele für Sorten von Urkunden bzw. Schriftstücken!**
*(1 Punkt)*

______________________

______________________

8. **Was kann die „Paläographie“ dem Historiker nutzen?**
*(1 Punkt)*

______________________

______________________

______________________

9. **Welchen ursprünglichen Zweck hatten die Wappen und Fahnen?**
*(1 Punkt)*

______________________

______________________

______________________

10. **Nenne Namen von Gold- und Silbermünzen!**
*(1 Punkt)*

______________________

______________________

______________________

11. **Welche Rückschlüsse lassen sich möglicherweise aus einem Münzfund ziehen?**
*(1 Punkt)*

______________________

______________________

______________________

12. **Welche besonderen Probleme hat der Archäologe bei seiner Arbeit (oder auch: wie arbeitet die Archäologie)?**
*(1 Punkt)*

______________________

______________________

13. **Warum forscht die Genealogie den Verwandtschaftsverhältnissen nach? Was erfährt man dabei?**
*(1 Punkt)*

______________________

______________________

# Von Entdeckern und Eroberern ...

## Epochenteil

# Verlaufsplan

Neben realen und fiktiven Quellen sind nachstehend häufig Schulbuchauszüge dokumentiert, die u.U. *unterschiedliche* wissenschaftliche und weltanschauliche Standorte markieren.
Die kurzen Ausschnitte können (müssen manchmal!) durch Texte aus dem jeweils benutzten Geschichtsbuch *ergänzt* werden.

## *1. Motivation*

Einordnen beliebig erinnerter Details; Quiz-Spiel: linke Hälfte der Klasse nennt einen Begriff, die rechte muss ihn epochal richtig zuordnen. Dann umgekehrt: jeweils 1 Punkt o.Ä.

***(20 Minuten)***

**Tafel**

*Neue Zeit / Renaissance:*

Erasmus v.R.
Entdeckungen

*Reformation / Bürgerkriege:*

Wallenstein
Pest
Ablass

*Absolution / Frz. Revol.:*

Danton
Guillotine
Barock

*Reichsgründung:*

*Imperialismus:*

## *2. Einteilen der sechs Arbeitsgruppen und Ausgabe der Arbeitsbögen*

Erläuterung der Arbeitsweise

***(20 Minuten)***

***Für alle:***

- AB 21: Einführung und Problematisierung des Epochen-Begriffs
- AB 22: Arbeitshinweise für die Gruppenarbeit
- AB 23, 24, 25, 26, 27 28: Ergebnisbögen für die Kurzreferate der einzelnen Gruppen
- AB 29 Schülereinschätzung der einzelnen Gruppen (ggf. auch als Folie für ein Plenum am Ende der Gruppenarbeit).

***Für die einzelnen Gruppen:***
***– epochenübergreifend –***

- AB 30, 31: Wohnen
- AB 32, 33: Kleidung
- AB 34: Reisen

***für Gruppe 1:***
***Neuzeit/Entdeckungen***
AB 35, 36, 37, 38, 39

***für Gruppe 2:***
***Reformation und Bürgerkriege***
AB 40, 41, 42, 43, 44

***für Gruppe 3:***
***Absolutismus/Franz. Revolution***
AB 45, 46, 47, 48, 49

***für Gruppe 4:***
***Die 48er-Revolution***
AB 50, 51, 52, 53, 54

***für Gruppe 5:***
***Industrialisierung/soziale Frage***
AB 55, 56, 57, 58

***für Gruppe 6:***
***Reichsgründung/Imperialismus***
AB 59, 60, 61, 62, 63

## *3. Gruppenarbeit*

(arbeitsteilig)
Die benötigte Zeit richtet sich nach der Intensität der Bearbeitung: Bei Auswertung der Arbeitsbögen genügen 180 Minuten, werden jedoch noch andere Quellen hinzugezogen, Kurzvorträge vorbereitet oder Zeichnungen angefertigt, dehnt sich diese Phase entsprechend aus.

***(180 Minuten)***

## *4. Vorträge der einzelnen Gruppen und Ausfüllen der Ereignisbögen durch die Zuhörer*

***(6 x 120 bis 150 Minuten)***

## *5. Verabredung zu Projekten und Vorhaben*

(siehe Teil III/Anregungen zur Weiterarbeit)

# Das Epochen-Problem

**Periodisierung, allgemein.**
Notwendigkeit und Bedürfnis, die Geschichte in klar abgegrenzte und überschaubare Abschnitte einzuteilen, sind so alt wie die Aufzeichnung geschichtlichen Geschehens überhaupt; schon die Gliederung einer einfachen Chronik nach Jahren stellt neben ihrer chronologischen Funktion eine Art primitiver Periodisierung dar. Epochen, Perioden oder Zeitalter (alle drei Begriffe sind im Grunde synonym) sind dabei seit dem Altertum nach einer vielfältigen Skala von Kategorien bestimmt worden. Mit am ältesten, aber heute noch gebraucht ist die einfache politisch-genealogische Gliederung nach Regierungszeiten und Dynastien. Solche Einteilungen sind, wenn auch sehr äußerlich und schematisch, noch aus dem geschichtlichen Ablauf selbst entnommen. Daneben traten dann bald aus Mythos, Philosophie oder Staatstheorie abgeleitete Epochengliederungen wie die Idee von den fünf Weltaltern (Hesiod) oder die Lehre von der gesetzmäßigen Abfolge der Staatsverfassungen (Polybios). Kehrten diese Epochen nach der zyklischen antiken Geschichtsauffassung in ständigem Kreislauf wieder, so brachte das Christentum die Vorstellung des linearen, einmaligen und einheitlichen Weltgeschichtsablaufes von der Schöpfung bis zum letzten Gericht, die sich in säkularisierter Form in der modernen entwicklungsgeschichtlichen Denkweise erhalten hat. Jede Epoche gewann damit den Charakter des Einmaligen und Individuellen, ob man nun die Weltgeschichte nach den sechs biblischen Schöpfungstagen oder nach den vier Weltmonarchien gliederte, um nur zwei Beispiele zu nennen (mittelalterliche Geschichtsschreibung). Seit dem 17. Jh. wurden diese biblisch-theologischen Periodisierungen abgelöst durch zahlreiche von den verschiedensten philosophischen und weltanschaulichen Standpunkten her entworfene Epochenabläufe (so z.B. B.J. Lipsius, J. Bodin, G.F. Hegel). Gegenüber allen konkurrierenden Vorstellungen setzte sich dabei die zum ersten Mal von Chr. Cellarius (1634–1707) auf die allgemeine Geschichte, angewandte Dreigliederung Altertum – Mittelalter – Neuzeit durch, die ursprünglich eine Deutung und Bewertung der europäischen Bildungsgeschichte durch die Humanisten darstellte.
Diese Epochengliederung beherrscht in Europa und Amerika heute noch weitgehend Wissenschaft und Geschichtsbewusstsein; aber ihre Gültigkeit wird von drei verschiedenen Seiten bestritten. Geschichtsdenker wie B. Croce („Epochen haben nur mnemotechnisches Interesse") oder R.G. Collingwood („Geschichtsbücher beginnen und enden, nicht aber die Ereignisse, die sie beschreiben") erklärten jede Epocheneinteilung angesichts der Kontinuität des historischen Geschehens im Grunde für unhistorisch. Tatsächlich setzt geschichtliches Leben im Gegensatz zum individuellen Dasein nie völlig aus. Auch über die einschneidendsten Revolutionen und Kulturbrüche reicht immer noch ein zwar dünner, aber doch erkennbarer Faden personeller, geistiger, oft auch institutioneller Kontinuität; manche scharfe Epochengrenze hat sich nur als mangelnde Tiefenschärfe historischer Forschung und Betrachtung erwiesen. So sehr diese Betonung der historischen Kontinuität grundsätzlich berechtigt ist, eine Verabsolutierung des Kontinuitätsbegriffes führt nicht nur zu dem verführerischen und geistreichen Spiel des ständigen Verschiebens und schließlichen Auflösens von Epochengrenzen – sie ist der geschichtlichen Realität überhaupt nicht mehr angemessen. Die Gliederung des historischen Prozesses ist nicht nur eine künstliche, aber notwendige Aktion, um das riesige Arsenal geschichtlichen Wissens in handliche und überschaubare Abschnitte zu zerlegen. Sie entspricht vielmehr einer Grundgegebenheit, die der Geschichte ebenso eignet wie die Kontinuität: es gibt in ihrem Ablauf zwar keine Lücken, aber deutlich erkennbare Zäsuren. Zwischen diesen Zäsuren ist – bei aller vielleicht möglichen Reduktion auf durchgehende „Grundtendenzen" – die unreduzierte geschichtliche Wirklichkeit nach Wesen, Erscheinung und Wirkkräften verschieden.
Über den Ansatz dieser Zäsuren ist freilich nicht immer ohne weiteres Einigkeit zu erzielen; das zeigt die auch von anderer Seite geübte Kritik am traditionellen Periodenschema. Grundsätzlich gebrochen damit hat die Kulturkreislehre von Spengler, Toynbee und Sorokin (Universalgeschichte). Typologisches und zyklisches Denken verbindend, spalten diese kulturmorphologischen Entwürfe den linearen Geschichtsprozess in Einzelkulturen mit in sich geschlossenen historischen Abläufen auf; gleichzeitig entwerten sie die bisherigen Hauptperioden zu wiederkehrenden Epochentypen (japanisches Altertum, griechisches Mittelalter). Aber auch am entwicklungsgeschichtlichen Gesamtaspekt festhaltende Historiker und Geschichtsdenker verwerfen die konventionelle Dreigliederung zu Gunsten – allerdings von sehr verschiedenen Standpunkten aus gesehener – neuer Epochengliederungen der Weltgeschichte (z.B. K. Jaspers: Haupteinschnitt der Menschheitsgeschichte eine „Achsenzeit" von 800–200 v.Chr.; O. Halecki: mediterranes, europäisches und atlantisches Zeitalter).
Die große Verschiedenheit solcher Entwürfe besagt grundsätzlich nichts gegen eine Periodisierung der Geschichte; Epochengliederung ist ein ebenso notwendiges wie sinnvolles historisches Verfahren. (...)
In jedem Fall aber kann das einem viel zu partiellen, durch eine bestimmte geistesgeschichtliche Situation bedingten historischen Aspekt entstammende Epochenschema Altertum – Mittelalter – Neuzeit auf die Dauer nicht mehr unser Geschichtsbild bestimmen. Da es noch weithin in unserem Bewusstsein verankert ist und da keiner der neuen Lösungsvorschläge bisher eine überzeugende und allgemein anerkannte Alternative dazu bietet, ist es hier als Einteilungsprinzip trotz aller Bedenken beibehalten. Die folgenden Artikel über die Einzelperioden werden jedoch immer wieder das Problematische dieser Geschichtsgliederung zeigen.

*(Auszug aus:
Fischer Lexikon Geschichte,
Stichwort „Periodisierung", S. 245 ff.)*

# Arbeitshinweise für alle Gruppen

**Bitte abhaken, wenn eine Sache erledigt ist!** ☑

*Arbeitsschritte:*

*1* ☐

**Überprüft, ob ihr euer Material vollständig erhalten und geordnet habt.**

*2* ☐

**Entscheidet in der Gruppe, ob ihr alles gemeinsam bearbeitet oder ob ihr die Quellentexte unter euch aufteilt.**

*3* ☐

**Teilt eure Zeit ein (ca. 2–3 Doppelstunden für die Punkte 4.–6.)**

*4* ☐

**Arbeitet die Materialien durch (evtl. dazu Geschichtsbuch, Bibliothek).**

- Klärt unbekannte Begriffe!
- Macht Notizen!
- Streicht wichtige Sachen an!

*5* ☐

**Diskutiert die Ergebnisse (was ist wichtig, wo sind Lücken?).**

*6* ☐

**Der Klasse sollt ihr 2 (!) Ergebnisse bieten.**

**1. Einblick in das Leben der Menschen in der von euch bearbeiteten Zeit**

Möglichkeiten:

- Vortrag (mit Text vorlesen und Bilder zeigen)
- Tribunal („Ankläger" und „Verteidiger" der Zeit unterhalten sich)
- Spiel (eine Gruppe von Menschen unterhält sich bzw. spielt die wichtigsten Probleme der Zeit)

**2. Kurzfassung eurer Arbeitsergebnisse für das Ausfüllen der Ergebnisbögen (AB 23 bis AB 28)**

Bereitet vor:

- Bildstreifen erklären
- Stichworte überlegen

*7* ☐

**Überfliegt AB 29; dies hilft euch, eure *eigene* und die Arbeit *anderer* Gruppen *bewerten* zu können.**

*8* ☐

**Entscheidet euch und verteilt Aufgaben; übt sie! (Wer liest, wer spricht, wer diktiert, wer malt Skizze an die Tafel usw.)**

**Arbeitsblatt 23**
**allgemein**

# Ergebnisbogen 1

## Kurzfassung des Berichtes aus AG 1

***Neuzeit/ Entdeckungen***

*1450* *1475* *1500* *1525* *1550*

• **Bitte im Telegramm-Stil ausfüllen.**

**Neuzeit/Entdeckungen**
Am Ausgang des Mittelalters wurde das alte Weltbild von der Erde als Scheibe durch das neue Weltbild von der Erde als Kugel verdrängt.
Auf der Suche nach einem Westweg nach Indien entdeckte Kolumbus 1492 Amerika. Vasco da Gama bewältigte 1498 den Seeweg nach Indien um Afrika herum und Fernando Magellan erbrachte mit der ersten Weltumsegelung 1519–1521 den praktischen Beweis für die Kugelgestalt der Erde.
Den Entdeckern folgten überall die Eroberer. Zu ihnen gehörte Cortez in Mexiko (1521).
Die unterworfenen Gebiete wurden zu Kolonien der Eroberer und von diesen ausgebeutet. Die Kolonialreiche Spaniens und Portugals standen am Anfang der europäischen Ausbreitung über die Erde.
Bald nach der Eroberung Südamerikas begann die europäische Negersklaverei an der Westküste Afrikas.

*A*

**Grundbedürfnisse**
• Nahrung/Kleidung

______________________

______________________

• Wohnung

______________________

______________________

• Bildung/Ausbildung

______________________

______________________

*B*

**Lebensumstände**
• soziale Ordnung
(Welche Gruppen gibt's; wer ist bevorzugt?)

______________________

______________________

• Machtverteilung
(Wer bestimmt?)

______________________

______________________

• persönliche Freiheiten

______________________

______________________

• Wirtschaft/Verkehr
(typische Berufe/Werkzeuge ...)

______________________

______________________

*C*

**Politische Ereignisse**
(Staatsgründungen, Kriege, Unruhen)

______________________

______________________

______________________

______________________

*D*

**Auffälliges/Interessantes**
(Waffen, Geräte, Kunstwerke usw.)

______________________

______________________

______________________

______________________

*E*

**Bewertung der Epoche**
• Beurteilung aus heutiger Sicht
(Gutes/Schlechtes ...)

______________________

______________________

______________________

• offene Fragen zur Diskussion
(auch: fehlendes Material)

______________________

______________________

______________________

# Ergebnisbogen 2

## Kurzfassung des Berichtes aus AG 2

***Reformation und Bürgerkriege***

*1525 1550 1575 1600 1625*

**Reformation und Bürgerkriege**
Nach 1500 wurde das Reich der Habsburger zu einer Großmacht. Karl V. (1519–1556) vereinigte unter seiner Herrschaft weite Gebiete Europas und Amerikas. In dieser Zeit erreichte der frühe Kapitalismus einen ersten Höhepunkt. Beispielhaft dafür stehen die Fugger in Augsburg. Auf dem Reichstag zu Worms verteidigte Luther 1521 seine Schriften vor Kaiser Karl V. und dem Reich. Unter dem Einfluss der Reformation erhoben sich 1525 die Bauern. Sie wurden geschlagen und versanken erneut in Abhängigkeit von ihren Grundherren.
Die Glaubensspaltung in Europa veranlasste eine innere Reform der katholischen Kirche auf dem Konzil von Trient (1545–1563). Glaubens- und Machtkämpfe waren eine weitere Folge. Ihr Höhepunkt wurde der Dreißigjährige Krieg (1618–1648), der mit der Verwüstung Deutschlands und dem Verlust der Vormachtstellung des Hauses Habsburg endete.

- **Bitte im Telegramm-Stil ausfüllen.**

*A*

**Grundbedürfnisse**
- Nahrung/Kleidung

________________________________

________________________________

- Wohnung

________________________________

________________________________

- Bildung/Ausbildung

________________________________

________________________________

*B*

**Lebensumstände**
- soziale Ordnung
  (Welche Gruppen gibt's; wer ist bevorzugt?)

________________________________

________________________________

- Machtverteilung
  (Wer bestimmt?)

________________________________

________________________________

- persönliche Freiheiten

________________________________

________________________________

- Wirtschaft/Verkehr
  (typische Berufe/Werkzeuge ...)

________________________________

________________________________

*C*

**Politische Ereignisse**
(Staatsgründungen, Kriege, Unruhen)

________________________________

________________________________

________________________________

________________________________

*D*

**Auffälliges/Interessantes**
(Waffen, Geräte, Kunstwerke usw.)

________________________________

________________________________

________________________________

________________________________

*E*

**Bewertung der Epoche**
- Beurteilung aus heutiger Sicht
  (Gutes/Schlechtes ...)

________________________________

________________________________

________________________________

- offene Fragen zur Diskussion
  (auch: fehlendes Material)

________________________________

________________________________

________________________________

# Ergebnisbogen 3

## Kurzfassung des Berichtes aus AG 3

***Absolutismus/ Französische Revolution***

*1725* *1750* *1775* *1800* *1825*

**Absolutismus/Französische Revolution**
Ludwig XIV. regierte von 1661 bis 1715 in Frankreich. Seine Regierungsweise des Absolutismus und das Wirtschaftssystem des Merkantilismus fanden Nachahmer in ganz Europa.
Aufgerüttelt durch die Ereignisse und durch die Erklärung der allgemeinen Menschenrechte in den USA erhob sich 1789 der dritte Stand des französischen Volkes gegen Bevormundung und Ungleichheit zur Französischen Revolution (Sturz des königlichen Absolutismus – Errichtung der Republik – Terror einer radikalen Gruppe). Aus den Wirren der Revolution stieg der General Napoleon Bonaparte zum Kaiser der Franzosen auf (1804). Er führte Frankreich zur Vorherrschaft in Europa. Nach dem Untergang seiner Armee in Russland (1812) erhoben sich die Völker Europas.
Auf dem Wiener Kongress 1815 wurde der Deutsche Bund als Nachfolger des Heiligen Römischen Reiches Deutscher Nation gegründet, das 1806 aufgelöst worden war.
In dieser Zeit erlebte Deutschland eine kulturelle Blüte.

- **Bitte im Telegramm-Stil ausfüllen.**

*A*
**Grundbedürfnisse**
- Nahrung/Kleidung

___________________________

___________________________

- Wohnung

___________________________

___________________________

- Bildung/Ausbildung

___________________________

___________________________

*B*
**Lebensumstände**
- soziale Ordnung
  (Welche Gruppen gibt's; wer ist bevorzugt?)

___________________________

___________________________

- Machtverteilung
  (Wer bestimmt?)

___________________________

___________________________

- persönliche Freiheiten

___________________________

___________________________

- Wirtschaft/Verkehr
  (typische Berufe/Werkzeuge ...)

___________________________

___________________________

*C*
**Politische Ereignisse**
(Staatsgründungen, Kriege, Unruhen)

___________________________

___________________________

___________________________

___________________________

*D*
**Auffälliges/Interessantes**
(Waffen, Geräte, Kunstwerke usw.)

___________________________

___________________________

___________________________

___________________________

*E*
**Bewertung der Epoche**
- Beurteilung aus heutiger Sicht
  (Gutes/Schlechtes ...)

___________________________

___________________________

___________________________

- offene Fragen zur Diskussion
  (auch: fehlendes Material)

___________________________

___________________________

___________________________

# Ergebnisbogen 4

## Kurzfassung des Berichtes aus AG 4

*Die 48er-Revolution*

*1810* *1820* *1830* *1840* *1850*

**Die 48er-Revolution**
Die Zeit von 1815–1848 ist gekennzeichnet durch das Vorwärtsdrängen liberaler und nationaler Kräfte in Deutschland, durch den Freiheitskampf der Bürger (Wartburgfest 1817 bis zum Hambacher Fest 1832). Den Höhepunkt bildete das Jahr 1848 mit Revolutionen in Berlin und anderen Städten. Die deutsche Nationalversammlung in der Frankfurter Paulskirche (1848/49) versuchte vergeblich, ein einheitliches deutsches Kaiserreich auf parlamentarischer Grundlage zu schaffen.
Enttäuschte Demokraten wandten sich von der Politik ab (Biedermeier) oder wanderten in die USA aus.

- **Bitte im Telegramm-Stil ausfüllen.**

*A*

**Grundbedürfnisse**
- Nahrung/Kleidung

____________________

____________________

- Wohnung

____________________

____________________

- Bildung/Ausbildung

____________________

____________________

*B*

**Lebensumstände**
- soziale Ordnung
  (Welche Gruppen gibt's; wer ist bevorzugt?)

____________________

____________________

- Machtverteilung
  (Wer bestimmt?)

____________________

____________________

- persönliche Freiheiten

____________________

____________________

- Wirtschaft/Verkehr
  (typische Berufe/Werkzeuge ...)

____________________

____________________

*C*

**Politische Ereignisse**
(Staatsgründungen, Kriege, Unruhen)

____________________

____________________

____________________

____________________

*D*

**Auffälliges/Interessantes**
(Waffen, Geräte, Kunstwerke usw.)

____________________

____________________

____________________

____________________

*E*

**Bewertung der Epoche**
- Beurteilung aus heutiger Sicht
  (Gutes/Schlechtes ...)

____________________

____________________

____________________

- offene Fragen zur Diskussion
  (auch: fehlendes Material)

____________________

____________________

____________________

# Ergebnisbogen 5

## Kurzfassung des Berichtes aus AG 5

***Industrialisierung/ soziale Frage***

*1750* *1775* *1800* *1825* *1850*

**Industrialisierung/soziale Frage**
Die industrielle Revolution begann mit der Erfindung der Dampfmaschine durch James Watt (1769). Sie leitete das Zeitalter der Maschinen und Fabriken ein; sie verwandelte Landschaft und Lebensweise entscheidend. Auf der Grundlage von Kohle und Eisen entstand die Schwerindustrie, in Deutschland vor allem im Ruhrgebiet (seit 1850). Dampfschiff (1807) und Eisenbahn (1835) sind Ausdruck der industriellen Revolution im Verkehrswesen.

Seit dem 19. Jahrhundert wuchs die Bevölkerung in Europa explosionsartig. In den Fabriken fanden die Massen Arbeit, durch die industrielle Revolution in der Landwirtschaft wurde ihre Versorgung möglich. Doch schwere soziale Missstände kennzeichnen das Leben der frühen Fabrikarbeiter („Proletariat"). Nach 1860 entwickelte sich eine deutsche Arbeiterbewegung. Die deutschen Bauern wurden im 19. Jahrhundert frei.

- **Bitte im Telegramm-Stil ausfüllen.**

*A*

**Grundbedürfnisse**
- Nahrung/Kleidung
- Wohnung
- Bildung/Ausbildung

*B*

**Lebensumstände**
- soziale Ordnung
  (Welche Gruppen gibt's; wer ist bevorzugt?)
- Machtverteilung
  (Wer bestimmt?)
- persönliche Freiheiten
- Wirtschaft/Verkehr
  (typische Berufe/Werkzeuge …)

*C*

**Politische Ereignisse**
(Staatsgründungen, Kriege, Unruhen)

*D*

**Auffälliges/Interessantes**
(Waffen, Geräte, Kunstwerke usw.)

*E*

**Bewertung der Epoche**
- Beurteilung aus heutiger Sicht
  (Gutes/Schlechtes …)
- offene Fragen zur Diskussion
  (auch: fehlendes Material)

# Ergebnisbogen 6

## Kurzfassung des Berichtes aus AG 6

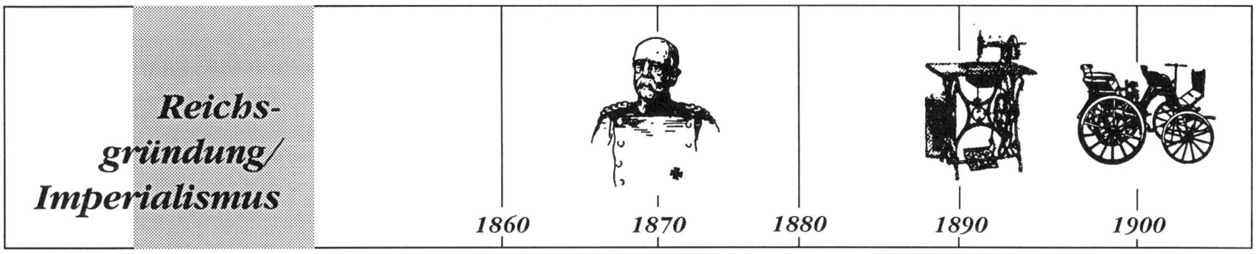


**Reichsgründung/Imperialismus**
Die Einigung Deutschlands kam erst 1871 zu Stande. Aber es war keine Verwirklichung der nationalen Ideen der Bürger, sondern eine Reichsgründung der Fürsten. Zielbewusst hatte der preußische Ministerpräsident Otto von Bismarck auf dieses Deutsche Reich unter der Vorherrschaft Preußens und unter Ausschluss Österreichs hingearbeitet. Der König von Preußen wurde „Deutscher Kaiser".

In einem politischen und wirtschaftlichen Wettlauf ohnegleichen versuchten die „entwickelteren" Länder sich Rohstoffquellen, Absatzmärkte und politische Einflusszonen zu sichern. Ihre rücksichtslose Konkurrenz lastete schwer auf den Kolonien und schuf ein Klima gegenseitiger Missgunst. Hier sind unter anderem die Wurzeln für die Katastrophe des 1. Weltkrieges zu suchen.

- **Bitte im Telegramm-Stil ausfüllen.**

*A*

**Grundbedürfnisse**
- Nahrung/Kleidung

______________________________
______________________________

- Wohnung

______________________________
______________________________

- Bildung/Ausbildung

______________________________
______________________________

*B*

**Lebensumstände**
- soziale Ordnung
  (Welche Gruppen gibt's; wer ist bevorzugt?)

______________________________
______________________________

- Machtverteilung
  (Wer bestimmt?)

______________________________
______________________________

- persönliche Freiheiten

______________________________
______________________________

- Wirtschaft/Verkehr
  (typische Berufe/Werkzeuge ...)

______________________________
______________________________

*C*

**Politische Ereignisse**
(Staatsgründungen, Kriege, Unruhen)

______________________________
______________________________
______________________________
______________________________

*D*

**Auffälliges/Interessantes**
(Waffen, Geräte, Kunstwerke usw.)

______________________________
______________________________
______________________________
______________________________

*E*

**Bewertung der Epoche**
- Beurteilung aus heutiger Sicht
( Gutes/Schlechtes ...)

______________________________
______________________________
______________________________

- offene Fragen zur Diskussion
  (auch: fehlendes Material)

______________________________
______________________________
______________________________

# Schüler-Einschätzung der einzelnen Gruppen

| Aktivität | Gruppe 1 | Gruppe 2 | Gruppe 3 | Gruppe 4 | Gruppe 5 | Gruppe 6 |
|---|---|---|---|---|---|---|
| alle äußern sich/tun etwas | | | | | | |
| interessant berichtet | | | | | | |
| verständlich | | | | | | |
| Gruppe arbeitet zusammen/ hilft sich gegenseitig | | | | | | |
| Tafel oder Projektor (Folie) benutzt | | | | | | |
| Bilder oder Karten werden gezeigt/ gemalt/vergrößert | | | | | | |
| Spiel gelungen | | | | | | |
| Antworten für die Auswertungsliste gefunden (kurz/treffend) | | | | | | |
| Merktext formuliert und in Abschnitten gut diktiert | | | | | | |
| Erklärt, wo die Gruppe Probleme hatte (offene Fragen, zu wenig Material usw.) | | | | | | |
| Zusatzfragen aus der Klasse beantwortet | | | | | | |
| Versuch freien Sprechens | | | | | | |
| sich auf Unterricht oder andere Vorträge bezogen | | | | | | |
| ... | | | | | | |
| ... | | | | | | |
| Ergebnis der Schüler-Einschätzung | | | | | | |
| Noten-Vorschlag (falls unbedingt nötig) | | | | | | |

- ***Begnügt euch nicht mit dem bloßen Urteil; versucht die Gründe für gute und weniger gute Ergebnisse herauszufinden!***

++ = hervorragend
\+ = gut
o = durchschnittlich (naja ...)
– = schlecht

# Vom Windschirm zum Wolkenkratzer

## Infoblatt Wohnen 1

*Hütten, Häuser, Mietskasernen*

*Windschirm aus Ästen und Reisig*

*Doppelter Windschirm*

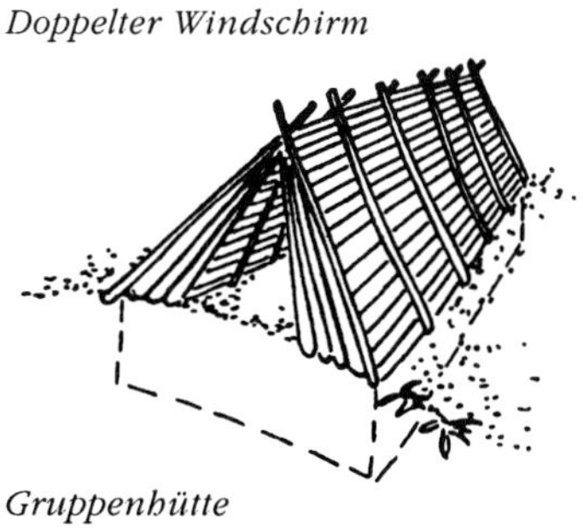

*Gruppenhütte*

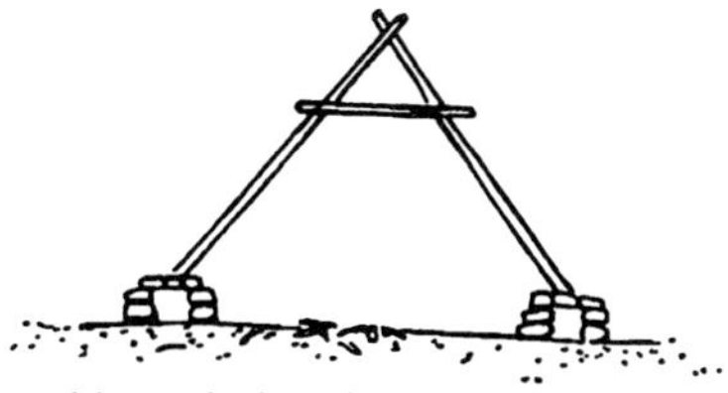

*Dachhaus (Schnitt)*

*Giebelhaus (Schnitt)*

Auch Hausgeschichte ist ein Stück Kulturgeschichte. Hast du einmal überlegt, seit wann es wohl solche Häuser gibt, wie wir sie heute bewohnen? Vielleicht interessiert es dich auch zu erfahren, welche Entwicklung das Wohnhaus nahm, bevor es seine heutige Form erreichte. Hier ist – in groben Zügen – dieser Entwicklungsgang:

Wenn wir von den vorzeitlichen Wohnhöhlen absehen, die für die Geschichte unseres Hausbaus ohne Bedeutung sind, befanden sich die ältesten menschlichen Wohnstätten hinter Schutzwänden aus Ästen und Reisig, die den Nomaden der Altsteinzeit Schutz boten vor den Unbilden des Wetters. Der einfache Wetterschirm wurde zum doppelten und damit war die Form des Satteldaches gegeben. Unter diesem Satteldach entstand in der Jungsteinzeit die Grubenhütte. Auf niedrige Steinreihen gesetzt, ergab das Satteldach das so genannte Dachhaus, wie wir es heute noch in alten Schafställen der Lüneburger Heide finden.

Als von der Jungsteinzeit ab die Menschen sesshaft wurden, vollzog sich der Übergang zum festen Wohnhaus mit senkrechten Wänden und aufgesetztem Dach. Aus dem primitiven Wandschirm war das erste richtige Haus entstanden.

Während es damals bei unseren Vorfahren nur Häuser aus Holz gab, kannten die alten Kulturvölker im Nahen und im Fernen Osten bereits mauerumwehrte Städte mit mehrgeschossigen Häusern aus Stein. Auch die Griechen und Römer wohnten schon vor Christi Geburt in Steinhäusern, deren Räume sich um einen säulenverzierten Innenhof gruppierten. Die römischen Wohnhäuser waren ausgestattet mit Heiz- und Badeanlagen, mit Wasserleitungen und Glasfenstern. In den Großstädten Rom, Ostia usw. gab es Mietshäuser in einfacherer Bauweise.

Die Römer brachten das Steinhaus auch nach Germanien, wo unsere Vorfahren noch immer in Block- und Fachwerkhäusern aus Holz wohnten. An Rhein und Donau lernten die Germanen nun den Steinbau mit Bruchsteinen und Ziegeln, die Herstellung von Ziegeln und Mörtel, den Stockwerkbau und die Anlage von Wasserleitungen kennen.

Nachdem in Deutschland vorerst Kirchen, Klöster, Pfalzen und Burgen aus Stein errichtet wurden, wurde ab etwa dem Jahre 1000 auch in den Städten mit Stein gebaut. Zunächst ließen sich nur einige wenige Begüterte der adligen und geistlichen Oberschicht ein Stadthaus aus Stein bauen. Mit Beginn des 13. Jh. konnten sich dann auch die wohlhabender werdenden Kaufleute und Handwerker ein Steinhaus leisten. Während in den neu gegründeten Städten anfangs noch reichlich Platz für größere Häuser war, wurde es aber innerhalb des Mauerrings immer enger und enger, sodass sich in den mittelalterlichen Städten das eng zusammengedrängte, oft nur 4 m breite Wohnhaus in „Handtuchform“ entwikkelte.

Bei den zwei, drei und mehr Fenster breiten Reihenhäusern verblieb es auch in den nachfolgenden Jahrhunderten, nur dass die alten Haustypen – entsprechend der herrschenden Baustile – eine andere Fassade erhielten.

In der zweiten Hälfte des 19. Jh. füllten sich die Wohnbezirke der schnell wachsenden Städte mit Mietwohnungen, z.T. in Form unschöner „Mietskasernen“ mit luft- und lichtarmen Seitengebäuden und Hinterhäusern an dunklen, engen Hinterhöfen.

Der 2. Weltkrieg mit seinem Bombenhagel zertrümmerte Millionen von Häusern und Wohnungen. Viele Städte und Dörfer mussten neu aufgebaut und gestaltet werden. In den letzten Jahren ist der Bedarf an Wohnraum weiter gestiegen. Etwa 200 000 Wohnungen jährlich werden z.Z. in der Bundesrepublik gebaut.

# Vom Windschirm zum Wolkenkratzer

## Infoblatt Wohnen 2

*Aus der Geschichte des Wohnhausbaues*

*Vorzeitliches Haus*

*Das „Graue Haus“ in Winkel/ Rh. Steinhaus um 1000*

*Mittelalterliches Fachwerkhaus*

*Barockhaus, 1720*

*Haus des Klassizismus, 1830*

*Mietskasernen, 1900*

| **Kulturabschnitte** | **Wohnbauweisen und Batechniken** |
|---|---|
| I. VORGESCHICHTE | |
| 1. Altsteinzeit *(bis 10 000 v.Chr.)* | Wohnhöhlen, Schutzwände (Windschirme), Laubhütten |
| 2. Jungsteinzeit *(4000 – 2000 v.Chr.)* | Hütten aus Reisig, Schilf und Stroh, Grubenhütten, Dachhäuser. |
| 3. Bronzezeit und Eisenzeit *(2000 v.Chr. – Chr. Geburt)* | Pfahlbauten, Vorhallenhäuser aus Holz, Gehöfte, Dörfer |
| II. ANTIKE | |
| 1. Älteste Stadtkulturen im Nahen und fernen Osten *(4500 v.Chr. – Chr. Geburt)* | Städte der Sumerer, Kaaniter, Israeliten, Ägypter, Assyrer, Babylonier, Perser, Inder und Chinesen. Backsteinbauten, Häuser aus Lehm, Mauern mit Kalkanwurf, Flachdächer, Tempel. |
| 2. Die griechisch-römische Antike *(2000 v.Chr.– Chr. Geb.)* | Alt-Griechenland:<br>*600 v.Chr.*: Hausbau mit Kalksteinen an Stelle von Lehm und Holz auf Steinfundamenten.<br><br>Alt-Rom:<br>*200 v.Chr.*: Gemauerte, zweistöckige Flachdach-Wohnhäuser.<br>*100 v.Chr.*: Gebrannte Ziegel und Bruchsteine mit Mörtel an Stelle von Quadern; Gewölbe, Kuppeln, Thermen, Brücken, Aquädukte, Theater, Arenen. |
| III. MITTELALTER *(bis 1500)* | *Um 1000:* älteste Wohnbauten aus Stein auf deutschem Boden. Fachwerkbauten mit vorgebautem Obergeschoss. „Handtücher“. Bauwerke der Romantik und Gotik. |
| IV. NEUZEIT *(ab 1500)* | Butzenscheiben *(15. Jh.)*, Fensterscheiben *(17. Jh.)*, Mietshäuser *(18. Jh.)*, Portlandzement *(1824)*, Eisenbetonbau *(1870)*, Betongussverfahren *(1907)*, Fertigbauweise *(1945)*, Wohnhochhäuser. Häuser der Renaissance, des Barock, des Klassizismus, der neuen und neuesten Zeit. |

# Von der Kalasiris zur Bluejeans

## Infoblatt Kleidung 1

*500 Jahre Modenschau*

Wie die Hausformen sind auch die Trachten und Moden der Menschen, die in diesen Häusern wohnen, kulturgeschichtliche Zeugnisse und Sinnbilder (Symbole) ihrer Zeitalter. Mit der Wohnweise der Menschen waren auch Kleidung und Ernährung einem ständigen Wechsel unterworfen:

| **Zeitalter** | **Wie die Menschen sich kleideten** | **Wie die Menschen sonst lebten** |
|---|---|---|
| Alte Kulturen im Nahen Osten *(4000–1000 v.Chr.)*  *2500 v.Chr* | Schon *um 3000 v.Chr.* war in Ägypten die Leinwand bekannt. *Um 2500 v.Chr.* erreichte die ägyptische Webkunst einen hohen Stand. Der ägyptische Mann trug um jene Zeit einen Lendenschurz aus Leinen, die Frau ein eng anliegendes Hemdkleid mit Trägern, die Kalasiris (*ab 1100 v.Chr.* auch Kleidung der Männer). | *Um 3000 v.Chr.* aßen die Menschen im Nahen Osten Brot, das in Backöfen gebacken wurde. Fleisch, Obst und Gemüse kamen auf die Speisekarte und das Olivenöl fand Verwendung. – Geschickte Tischler bauten Holzmöbel aller Art, Metalleimer und Metallspiegel kamen in Gebrauch. In den Städten gab es bereits Abortanlagen und Kanalisation. |
| Griechisch-römische Antike *(1000 v.Chr.–500 n.Chr.)*  *400 v.Chr.* *um Christi Geburt* | *Um 400 v.Chr.* trugen die griechischen Frauen den Peplos (ein langes, um den Körper gerafftes Wolltuch) und den Chiton (ein stoffreiches, gefältetes Gewand mit bunten Borten und einem über die Brust fallenden Überschlag). Aus beiden entwickelte sich das klassische griechische Gewand. Der Römer der Kaiserzeit kleidete sich mit Tunika und Toga, die Römerin mit Stola und übergeworfener Palla. | In den Dichtungen Homers wird das Brot erwähnt, sonst herrschte *um 800 v.Chr.* die Breinahrung vor. Die Römer der Kaiserzeit waren Feinschmecker. *Um 180 v.Chr.* erschien das erste Kochbuch. Als Beleuchtung dienten *um 500 v.Chr.* Pech- und Harzfackeln, *von 230 v.Chr. ab* Öllampen. In den Häusern von Pompeji standen um Christi Geburt feine Ziermöbel aus Bronze. Daneben gab es Möbel aus Stein und leichte Möbel aus Holz und Korbgeflecht. Bekannt waren Badeanlagen (Thermen) und Fenster aus geöltem Pergament. |
| Germanenzeit *(2000 v.Chr.–500 n.Chr.)*  *1000 v.Chr.* | Die Kleidung in der Bronzezeit *(2000–800 v.Chr.)*: Männer: Gegürteter Kittelrock, weiter Wollumhang, Wollkappe; Frauen: Wolljacke, knöchellanger Wollrock, Gürtelband, reicher Schmuck (Fibeln, Gürtelplatten, Halsschmuck). Die Männerhose stammt von den Kelten. | Hauptnahrungsmittel waren Haferbrei (Hafermus), Brot (aus gemauerten Backöfen), Milch, Käse, Fleisch von Jagdtieren. Schinken aus Germanien waren auch in Rom begehrt. – Die Germanen statteten ihre Häuser mit Eichentischen, Bänken, Truhen, Wandbekleidungen aus Birkenrinde und Matten aus Bast aus. |
| Frankenzeit *(500–900 n.Chr.)*  *800* | Die Kleidung der Karolingerzeit wies antike, römische und germanische Bestandteile auf. Die Männer trugen über dem germanischen Leibrock den römisch-antiken Mantel, der auf den Schultern geschlossen war. Die Frauen gingen mit knielangem Obergewand und großem Tuch über Kopf und Schultern (Spätantike). | In den Häusern der Frankenzeit gab es schon Bettwäsche, Federkissen, Tisch- und Handtücher. Bleigefäße kamen in Gebrauch. – In der Ernährung herrschte die Breinahrung noch immer vor. Hinzu traten u.a. Rauch- und Pökelfleisch, Speck, Schinken, Wurst und Sülze. Karl d. Gr. förderte den Anbau von Gemüse, Obst und Gewürzkräutern. |

# Von der Kalasiris zur Bluejeans

## Infoblatt Kleidung 2

| Zeitalter | Wie die Menschen sich kleideten | Wie die Menschen sonst lebten |
|---|---|---|
| Kreuzfahrer- und Minnesängerzeit (Romanik und Gotik, *1100–1470*)<br><br>*13./14. Jh.*<br><br>*1450* | In der Ritterzeit wurden die Frauen verehrt und besungen. Die Reichen dieser Zeit waren prunkvoll gekleidet. Verheiratete Frauen trugen eine Kopfbinde, das „Gebände", mit ausgezacktem oberem Rand, der „Mauerkrone". Die Männerkleidung ähnelte den Frauengewändern. Im Spätmittelalter, *von etwa 1375 ab*, gewann Burgund, das damals reichste Land Europas, großen Einfluss auf die Mode. Deutsche Frauen übernahmen den zuckerhutförmigen „Hennin" mit langem Schleier. Die Männer trugen enge Strumpfhosen. | *Um 1000* kam der Rohrzucker nach Europa. *Von etwa 1200* an setzte sich das Brot gegenüber der Breinahrung immer mehr durch. Durch die Kreuzzüge wurden Reis, Pfeffer, Zitronen und Aprikosen bei uns bekannt. *Im Jahre 1352* erschien das erste deutsche Kochbuch. *Von etwa 1400 ab* verdrängte das Bier den Wein. Große Trinkgelage wurden beim Adel üblich. – Stühle waren seit der Germanenzeit Ehrensitze. *Von 1100 ab* erhielten die Wohnungen Schemel mit Rückenlehne, *um 1250* eisenbeschlagene Truhen. Die Betten bekamen Strohsäcke oder Matratzen. Glasfenster kamen auf. |
| Die Dürerzeit (Renaissance und Reformation, *1470–1550*)<br><br>*1500* | *In der 2. Hälfte des 15. Jh.* blühten die Städte auf. Ihr Reichtum spiegelte sich auch in der Kleidung der Bürger. Man trug Damast, Brokat, Atlas und Samt in verschwenderischer Fülle.<br>Das Wams des Mannes hatte einen knielangen Faltenschoß. Pluderhosen mit Schlitzen nach Art der Landsknechtkleidung waren sehr beliebt. Als Oberkleid diente die „Schaube" mit weitem Kragen. Breite „Kuhmaulschuhe" schützten die Füße. Mächtig gebauschte Ärmel, breit ausladende Faltenröcke und fantasievolle Hauben kennzeichneten die Frauenmode dieser Zeit. | Löffel gab es *um 1475* nur auf den Tischen der Wohlhabenden; Messer und Gabel wurden lediglich von den „Vorschneidern" benutzt. Eine Unmäßigkeit im Essen und Trinken machte sich in adeligen Kreisen immer mehr breit. Ananas (*1514*), Kaffee (*1517*) und Kakao (*1519*) wurden in Europa eingeführt. *Etwa um 1485* kam das Tafelgeschirr aus Zinn in Gebrauch. *Von etwa 1500* ab erschienen in den Wohnungen Polsterstühle, Kleider- und Schubladenschränke. *Nach 1550* begann man die Wohnungen der Wohlhabenden mit reichen Holztäfelungen zu verzieren. |
| Die spanische Weltmode (die Zeit der Gegenreformation, *1550–1620*)<br><br>*1580* | Als *in der 2. Hälfte des 16. Jh.* Spanien reich und mächtig wurde, drückte die spanische „Grandezza" auch der Mode in Deutschland ihren Stempel auf. Was bisher stattlich und fröhlich wirkte, wurde nun streng und „zugeknöpft". Die Frauen trugen über einem festen Korsett ein ausgestopftes Leibchen, das am Hals durch eine Spitzenrüsche – später durch eine „Mühlstein-Krause" abgeschlossen wurde. Reifrock und „Toque" (ein kleines Hütchen) vervollständigten die Kleidung. Die Männer trugen Trikotbeinkleider, „Kürbishosen" und ein kurzes Mäntelchen. | *Um 1550* war das Gemüse Hauptnahrungsmittel für Reich und Arm. Wenig später (*1565*) erschien, von Südamerika kommend, die Kartoffel in Europa (nach Deutschland kam sie *um 1620*). – *Mit Beginn des 17. Jh.* verzierten die reichen Leute ihre Wohnungen mit bestickten Sesseln und Stühlen, Kommoden und Spieltischchen. Silbergeschirr und Kaffeemühlen wurden in Gebrauch genommen. Gusseiserne Öfen sorgten erstmals für Wärme an kalten Wintertagen. |

# Vom Ochsenkarren zur Dampfkutsche

## Infoblatt Reisen

### *Früher reiste man gefährlich*

*Fährst du heute in die Ferien, dann ist dies meistens ein Vergnügen. Im Altertum jedoch, zu jener Zeit, als Ägypter, Griechen oder Römer weite Teile der Welt beherrschten, war Reisen Mühsal und Wagnis zugleich.*

Die frühsten Zeugnisse des Reisens stammen aus einer Zeit, in der am Nil Pharaonen – die Könige Ägyptens – herrschten: 3000 Jahre vor Christus. Vorher wagten es die Menschen kaum, sich allzu weit von ihren Behausungen zu entfernen. Einziges Fortbewegungsmittel waren jahrtausendelang die eigenen Füße. Erst als das Rad und mit ihm Wagen und Karren erfunden wurden, machten sich die ersten Reisenden auf ihren beschwerlichen Weg: Es waren Beamte, Verwalter, Kuriere und Kaufleute. Gereist sind die Reichen. Heute – im Zeitalter des Massentourismus – ist dies völlig anders!

#### Reisen war unbequem

Reisen war damals eine Qual! Straßen, Brücken oder Wegweiser gab es so wenig wie Herbergen, in denen die Reisenden sich ausruhen und erfrischen konnten. Reisen – tagsüber meist bei glühender Hitze – hieß Schwitzen. Nachts: Frieren. Denn nach Sonnenuntergang kann es in Wüsten bitterkalt werden. Wer unterwegs war, ging zu Fuß, ritt auf einem Esel oder saß in einem schweren hölzernen Wagen, der von Maultieren mühselig durch unwegsames Gelände gezogen wurde. Holpernd ging die Reise vorwärts. Denn die schwerfälligen Wagen hatten dicke, klotzige Holzräder, die in den reichlich vorhandenen Sand- und Erdlöchern steckenblieben. Eine Federung wie bei den heutigen Autos kannten die Wagen selbstverständlich nicht. Die ersten Touristen gingen etwa 1500 Jahre vor Christus auf Reisen: Es waren Ägypter. Erstes Reiseziel waren die Pyramiden und mächtigen Tempel, die Pharaonen im Niltal erbauen ließen. In Griechenland waren die Olympischen Spiele ein Hauptziel der Reisenden. Dort hinzukommen war beschwerlich: Denn es gab kaum Straßen, die befahrbar waren, und die Schuhe der Griechen – einfache Sandalen – waren einem langen Fußmarsch kaum gewachsen. In Olympia angekommen, mussten sie aufpassen, dass sie nicht von Gaunern, Andenken- und Wasserverkäufern übers Ohr gehauen wurden. Auch Kranke und Verletzte waren im alten Griechenland oft auf Reisen: Kein Wunder, denn Krieg war geradezu ein Dauerzustand! Sie waren – meist in Sänften, die von Gesunden als Transportmittel abgelehnt wurden – unterwegs zur Kur, auf dem Weg zu den Tempeln der Götter, von denen sie Heilung erhofften. Ein brauchbares Straßennetz erbauten erstmals die Assyrer, die von 900 bis etwa 600 vor Christus in Asien ein mächtiges Reich errichteten. Es diente nicht Touristen, sondern der Armee und den Postdiensten. Die Straßendecke bestand aus gestampftem Lehm und es gab schon, wie Lionel Casson in seinem Buch über „Reisen in der Alten Welt" berichtet, Straßenmarkierungen, Entfernungsbezeichnungen, Wachposten und Ziehbrunnen längs der Straße. Die Griechen versahen ihre spärlichen Straßen teilweise mit Kerben, in denen die Wagen wie ein Zug auf Schienen fahren konnten. Erst bei den Römern wurde es üblich, die Straßen zu pflastern.

#### Piraten und Stürme

Erst die Schifffahrt machte das Reisen ein wenig bequemer. Gefährlich blieb es allemal: Denn Schiffsreisenden drohte nicht nur Gefahr durch Seeräuber, sondern auch durch Stürme. Rettungsboote gab es nicht. Bei hoher Windstärke mussten die Reisenden kräftig mit anpacken: Die Ladung musste über Bord gehievt oder die Segel eingeholt und festgezurrt werden. Um den Wettergott zu beruhigen, wurden von den abergläubischen Reisenden Haare und Fingernägel ins Meer geworfen. Geschlafen wurde – zusammen mit der Mannschaft – auf offenem Deck.

#### Rummel am Meer

Die Römer, die über die ersten brauchbaren Landkarten und über das beste Straßennetz des Altertums verfügten, waren die Ersten, die richtige Ferien machten. Vergnügungssüchtige Römer zog es in die Badeorte am Mittelmeer. Auskünfte über sie, über günstige Verkehrsverbindungen und Unterkünfte konnten sie in reisebüroähnlichen Agenturen besorgen.

#### Der Fortschritt kam spät

Kein Vergnügen mehr waren die folgenden Kriegs-, Pilger- und Kreuzzüge, bei denen selbst Kinder mitzogen. Erst recht mühselig waren die Reisen, die mutige Entdecker wie Kolumbus unternahmen. Als dann der Handel im Mittelalter aufblühte, reisten die Leute mehr. Nur langsam ging es vorwärts. Studenten und Handwerksburschen reisten zu Fuß. Nicht viel schneller waren die Reichen, die die Postkutsche bevorzugten: Kaum mehr als vierzig Kilometer täglich sind sie auf miesen und von Räubern bedrohten Straßen vorangekommen. Schneller ging es erst, als Eisenbahn und Automobil erfunden wurden. Stephensons „Locomation No. 1" schaffte 1825 in einer Stunde 20 Kilometer.

Das war ein gewaltiger Fortschritt! Ob ihr daran einmal denkt, wenn ihr mit euren Eltern bequem mit 150 Kilometern in der Stunde über die Autobahn braust?

*(Harlich Kübler, in: Treff, Nr. 7/78)*

# Die Welt im Umbruch

## Neuzeit/Entdeckungen 1

### *Am Tor der neuen Zeit*

**Eine neue Zeit ...**

Gott und die göttlichen Dinge standen als hohe Sehnsuchtsgestirne über dem gotischen Mittelalter. Nun wird ein neues Ideal verkündet: Der Mensch in der irdischen Welt. Mit dem Streben der Humanisten verbündet sich der zum Selbstbewusstsein erwachte Geist der romanischen Völker. Italien erlebte seine Wiedergeburt und bringt einen neuen Menschentyp hervor: starkmütig, kühn bis zum Frevel, ichbezogen, diesseitig und um ein vom Verstande bestimmtes Weltbild ringend.

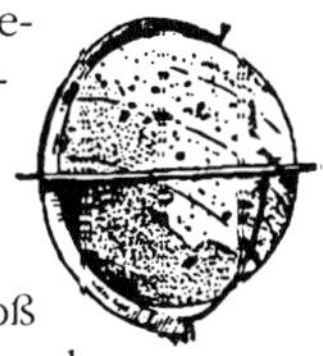

Die Unruhe der Zeit ist groß und allgemein. Der Ruf nach einer Erneuerung nicht nur der menschlichen, sondern auch der staatlichen, sozialen und religiösen Verhältnisse wird dringender von Jahrzehnt zu Jahrzehnt.

**Gruppen und Einrichtungen**

Die Ritterschaft ist nach dem Ende von Kreuzfahrten, Italienzug und Eroberungen wirtschaftlich erschüttert, entmachtet durch die wachsende Fürstenherrschaft, überflügelt vom Reichtum geldmächtiger Städte. Der Bürger, den Handel und Gewerbefleiß reich und mächtig gemacht haben, verlangt trotzig nach Mitspracherecht, nach Freiheit und städtischer Selbstbestimmung. Der Bauer kämpft um das altüberkommene Recht des freien Mannes – um Gerichtsbarkeit, Erbgerechtigkeit, Selbstverwaltung der Gemeinde – und beansprucht auch für seinen Stand die Gleichheit alle Christenmenschen". Die Fürsten begehren die völlige Souveränität ihrer Länder gegenüber Kaiser und Reich. Europa aber zerklüftet mehr und mehr in selbstständige Nationalstaaten. Auch im Bereich der Kirche geht die Einheit des Abendlandes zu Ende. In ernster Auflehnung oder in Schwärmer- und Rebellentum erheben sich die Geister wider die alte Ordnung. Das Papsttum – allzu lange in der Gefangenschaft in Avignon, zuletzt von den Geschlechtern Roms beherrscht und an weltliche Aufgaben verloren – begegnet wachsendem Widerstand. Von den Universitäten ergeht die Forderung der Humanisten nach einem Konzil, das die Neuordnung der kirchlichen Verhältnisse übernehmen soll.

*Christoph Columbus*

**Handel und Politik**

Diese Zeit verändert die Fundamente der abendländischen Welt. Seit der Eroberung Konstantinopels (1453) und dem Untergang des oströmisch-byzantinischen Reiches ist der Fluss des Ost-Westhandels versiegt. Der wirtschaftliche Zerfall zwingt das Abendland, den Weg zu den fernöstlichen Produktionsländern und Märkten auf neuen Wegen zu suchen. Der Schauplatz verschiebt sich aus dem Mittelmeerraum an die Gestade des neuen Kulturmeeres, an den Atlantik. Portugal, Spanien, Frankreich, die Niederlande und England steigen steil empor; Deutschland und Italien werden Nebenschauplätze – ihnen fehlt der unmittelbare Zugang zum Ozean und zu den Kolonien. Der Habsburger Kaiser Karl IV. (1519–1556), dessen Riesenreich Spanien und seine Kolonien, das alte Reichsgebiet, die Niederlande, Ober- und Süditalien umspannt, versucht ein letztes Mal, das Universalreich des Mittelalters zu erneuern. Sein Unternehmen scheitert nach 30-jährigem Ringen; das Leben des Kaisers endet in der Einsamkeit der Klosterzelle. Gegen die tödliche Umklammerung hat sich das Frankreich Franz I. zur Wehr gesetzt und seinen Aufstieg und seine Unabhängigkeit machtvoll behauptet. Die Bedrohung des Kirchenstaates durch das habsburgische Mailand im Norden und das habsburgische Neapel im Süden hat die Päpste auf die Seite der Reichsgegner gedrängt. Die Türken stoßen siegreich im Osten vor; Halbmondbanner wehen zum ersten Male bedrohend vor Wien (1529). Im Innern des Reiches zerbricht die Kaisermacht am Eigenwillen der Fürsten und Stände und am Widerstand der reformatorischen Bewegung.

*Studenten um 1500*

# Die Welt im Umbruch

## Neuzeit/Entdeckungen 2

**Geistiges Leben**

Denn inzwischen hat Martin Luther im Kampf gegen die Verstrickung der Kirche in staatliche und weltliche Bereiche die völlige Loslösung vom Papsttum vollzogen und die seit langem heiß ersehnte und geforderte Reform im Sinne der Reformation verwirklicht und auf dem Glauben an Evangelium und göttliche Gnade ein neues Kirchenwesen begründet.

*Renaissancefürst (Cesare Borgia)*

In einer ungeheuren geistigen Erregung lebt diese Generation. In Mainz hat Johannes Gutenberg vor 100 Jahren die Technik und Kunst des Buchdrucks erfunden (um 1450). Alle neuen Ideen werden nun vom Sturmwind schnell vervielfältigter Flug- und Streitschriften bis in die entlegensten Winkel gewirbelt.

Ins Unermessliche weitet sich das Weltbild des Menschen, seit Christoph Columbus den Beweis erbracht hat, dass die Erde eine Kugel und keine Scheibe ist. In immer neuen Ausfahrten kühner Entdekker treten ungeahnte Erdräume in die Vorstellung der abendländischen Völker und lassen die Alte Welt zunehmend zurücktreten. Die Erde selber wird aus der Mitte der Menschengedanken entrückt: Kopernikus erweist mit mathematischer Gewissheit, dass der Erdball nur ein kleines, um die Sonne kreisendes Gestirn ist; 1553, drei Jahre vor Luthers Tod, erscheint das Kopernikus-Werk über die Bewegung der Himmelskörper, das ein über zweitausendjähriges Weltbild bestürzend verändert. Der Himmelsraum, bisher nur eine Welt geheimnisvoll erahnter göttlicher Mächte und Gebilde, ist in den Bereich des wissenschaftlichen Forschens einbezogen, der das ganze Weltall zu umfassen beginnt. Ohne das Hilfsmittel des Fernrohrs, das erst zu Beginn das folgenden Jahrhunderts erfunden wird, erringen die Sternkundigen mehr und mehr Gewissheit über die Gesetze, nach denen die Sterne im Weltenraum ihre Bahn ziehen. Auch die Zeit selber verändert ihren Gang. Neben dem Kalender, der seit Julius Cäsar (46 v. Chr.) die Zeitrechnung bestimmt hat (julianischer Kalender), tritt auf Grund der verbesserten astronomischen Beobachtungen und der exakteren Gestirnsmessungen seit dem Jahre 1582 – zunächst nur für die katholische Welt – der genauere Kalender, den Papst Gregor XIII. für verbindlich erklärt (gregorianischer Kalender).

**Politische Probleme**

Im Kampf um die Verteilung der neuentdeckten Länder stoßen England und Spanien zusammen. Es ist zunächst ein Kampf von Freibeutern um Silber- und Goldflotten, um ferne Kolonialküsten und Handelswege; er wird zum Weltanschauungsstreit, als England die Führerschaft der reformierten Weltteile und Spanien die Vorkämpferschaft des katholischen Teils übernimmt, der durch eine umfassende Erneuerungsbewegung von innen her und durch eine planmäßige Gegenbewegung viele verlorene Gebiete wiedergewonnen hat. Spanien greift mit seiner großen Armada (1588) an. Doch die Stürme des Kanals schützen England. Spaniens Waagschale sinkt. An die Stelle Spaniens tritt die britische und vom Festland her die niederländische Seemacht. Beide Nationen gewinnen bedeutenden Einfluss auf Handel und Kolonisation der künftigen Welt. Auch im Norden Europas verlagern sich die Gewichte. Das evangelisch gewordene Schweden hat den Kampf mit dem katholischen Polen begonnen und sichert sich im Osten des Baltischen Meeres Land und Macht. Der Aufstieg Schwedens wird nach einem halben Jahrhundert zum europäischen Schicksal werden, wenn ein Schwedenkönig in den großen Krieg eingreift, in dem sich das Reich um der Glaubensspaltung willen selber zerstört.

**Kulturelle Entwicklungen**

Die Bruchlinie Europas folgt fast genau der Grenze, die das vom Mittelmeer her bestimmte Römerimperium vom frei gebliebenen Norden getrennt hat. Jenseits der Alpen vollzieht sich die Wendung vom überkommenen Geiste des Mittelalters in der Wiedererweckung einer vergangenen Kultur, in der Neuentfaltung des abendländischen Geisteslebens unter der Einwirkung des klassischen Altertums (Renaissance). Unter dem Mäzenatentum der Höfe von Florenz, Mailand und Rom lösen sich Leben und Kunst von den überlieferten Formen. Die Natur wird neu entdeckt, das Schönheitsideal der Griechen wird zum Ideal der Maler und Bildhauer, das übernommene antike Machtbewusstsein findet Ausdruck in

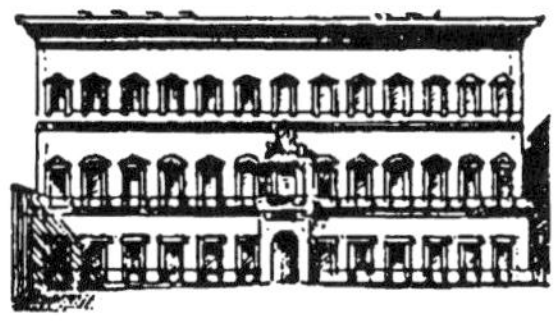
*Renaissance-Palast*

burgähnlichen Rathausbauten, Palästen, weit gespannten Kuppeln und Tonnengewölben, in Bildern, Statuen und Grabmälern von heroischer Gewalt. Es ist die große Zeit, die mit Dante und Giotto begonnen hat und in Leonardo da Vinci, in Raffael, Michelangelo und anderen zur Vollendung reift. Aber wie in Deutschland, so ist auch in Italien die geistige Wende zur Neuzeit gekennzeichnet durch den Abstieg in Kleinstaaterei und Fürstenhader und das Versagen gegenüber den Anliegen des Volkes.

# Die Welt im Umbruch

## Neuzeit/Entdeckungen 3

## Die Welt wird „entdeckt" und ausgeplündert

*Portugiesische Schiffe tauchen an der Ostküste Afrikas auf. Diesmal sind sie voll gestopft mit Kanonen, Gewehren und Soldaten. Die Schiffe ankern vor den reichen Handelsstädten. Die Soldaten begeben sich an Land. Sie brechen in die Stadt ein. Wer ihnen in den Weg kommt, wird niedergeschlagen oder ermordet.*

*Die Soldaten dringen in Häuser und Paläste ein und plündern alles Wertvolle, das sie finden. Die Bewohner der Stadt fliehen in wilder Panik, um ihr Leben zu retten. Die portugiesischen Schiffe füllen sich mit Tuchen, Gold und Elfenbein. Nachdem die Plünderung vorbei ist, stecken sie die Stadt in Brand und schießen als „Abschiedsgruß" Kanonensalven in die Stadt. Schon bald sind die stolzen Handelsstädte an der Ostküste noch Ruinen.*

*Auf diese Weise übernehmen die Portugiesen den Handel im Indischen Ozean. Sie nahmen die islamischen Kaufleute gefangen, versenkten ihre Schiffe und raubten ihre Waren.*

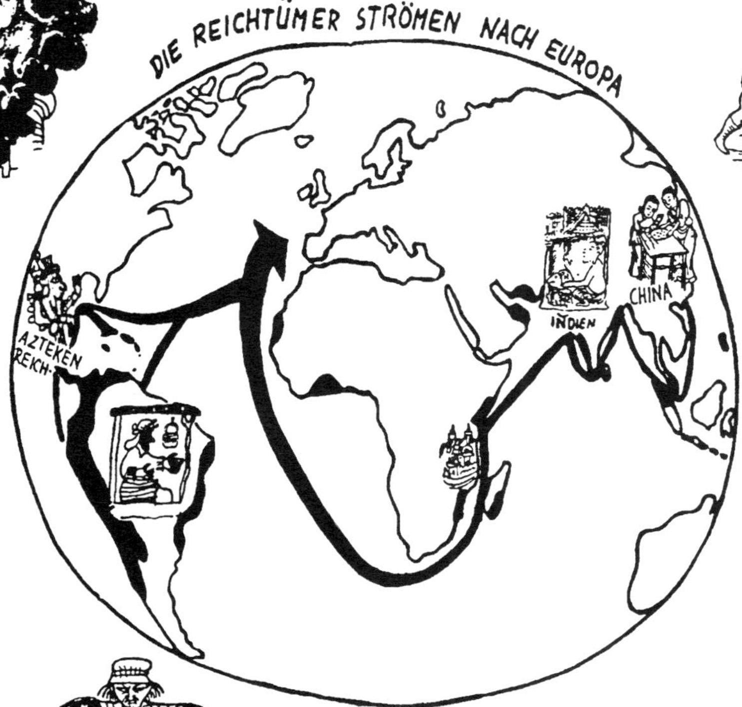

*Am Ende hatten die Portugiesen das alleinige Handelsrecht zwischen Afrika, China, Indien und den ostindischen Inseln. Die Reichtümer strömten nach Europa.*

*Dasselbe geschieht in Amerika: Soldaten, Kanonen, Gewehre, Menschenabschlachten.*

*Die Portugiesen und Spanier erobern große Gebiete in Südamerika. Unter anderem die Reiche der Inka, Maya, Azteken. Sie stehlen den Indianern das Land. Auch den Indianern gelingt es nicht, sich gegen die Feuerwaffen der Europäer zu wehren.*

*Sie wurden unterjocht und zur Sklavenarbeit gezwungen. In den Gold- und Silbergruben, auf den Tabakplantagen schufteten die Indianer für ihre neuen Herren. Wer nicht schnell genug arbeitete, wurde geschlagen und gequält. Viele starben vor Ermattung und an den Misshandlungen.*

*Die Reichtümer, die von den Indianern erarbeitet wurden, verfrachtete man in Schiffe und brachte sie nach Europa. Dort sollten sie verkauft werden.*

(*nach: Elmquist/Jönsson u.a., Das Geschichtsbuch, Berlin 1978, S. 22–23*)

# Die Welt im Umbruch

## Neuzeit/Entdeckungen 4

### *Zeitaufnahme des Lebens im Jahr 1500*

Am Ende des Mittelalters beginnt mit der Hinwendung aller Bereiche zum Menschen, der nicht mehr bloßes Werkzeug Gottes, sondern selbstbewusstes Wesen ist, eine der bisher größten Umwälzungen des Abendlandes. In Deutschland, das sich in religiösen und politischen Streitigkeiten zwischen Fürsten und Kaiser, Städten und Territorien erschöpft, beherrscht das neue Bürgertum der reichen Städte den Handel und wird zum Träger der aus Italien stammenden humanistischen Ideen. In den unteren Gesellschaftsschichten der Bauern, Bergknappen und des Stadtproletariats regt sich, angeleitet von Predigern eines radikalen Christentums, der Widerstand gegen die kirchliche und weltliche Willkürherrschaft.

**Bevölkerung**
Nach der großen Pestwelle und den folgenden Hungersnöten sowie dem Niedergang der mittelalterlichen Wirtschaft steigt die Bevölkerungszahl langsam an und erreicht den Stand von 1300. In Deutschland leben rund zehn Millionen Menschen (in Europa rund 69 Millionen), d.h. rund 12 bis 15 Personen bewohnen einen Quadratkilometer. Obwohl der größte Bevölkerungsanteil auf dem Land wohnt, wachsen die Städte zu bedeutenden Zentren.

**Sprache**
Das frühe Neuhochdeutsch ist eine eigenständige Sprache, die besonders durch die Buchproduktion, deutsche Prosaübersetzungen alter Schriften, unterstützt wird. In der Wissenschaft herrscht Zweisprachigkeit, Latein und Deutsch, vor.

**Soziale Ordnung**
Die Territorialherren, die in ihren Fürstentümern von einer zentralen Reichsgewalt weitgehend unabhängig sind, organisieren Gerichtsbarkeit, Landfrieden und Wirtschaft. In den Städten entwickelt sich aus dem Patriziat der Fernhandelskaufleute die reiche Schicht des Bürgertums, das auf Grund der wirtschaftlichen Macht dem Adel, der durch Landflucht, Geldwirtschaft und hohe Löhne ohnehin geschwächt ist, überlegen wird. Da auch die Handwerker und unteren Schichten mit der wirtschaftlichen Expansion nicht Schritt halten können, entsteht ein krasser Unterschied zwischen Armen und Reichen.

**Religion**
Die gegen jegliche Reform skeptische katholische Kirche, die Abweichungen von ihrer Lehre als Ketzerei verfolgt, versucht mit Buße und häufigem Beichten eine Massendisziplinierung. Mit Hilfe von Ablassbriefen wird ihr Reichtum gemehrt, gleichzeitig verstärkt sich die reformatorische Gegenbewegung.

**Recht**
Das nicht einheitliche Recht des späten Mittelalters zählt Hängen und Rädern, Pfählen und Ertränken, Blenden und Brandmarken zu den gängigen Strafen. Die Grausamkeit der „Halsgerichtsordnungen" zeigt die Unfähigkeit, das Verbrechen, das durch wirtschaftliche und soziale Krisen begünstigt wird, wirksam zu bekämpfen.

**Bildung**
Das Bürgertum löst sich von den Dogmen der mittelalterlichen Scholastik und dem kirchlichen Bildungsmonopol. Der Buchdruck und die Erfahrungen der Weltreisen eröffnen die Forderung nach umfassender Bildung. Neben der Rezeption antiker Schriften entstehen die humanistischen Bildungsideale und ein Aufschwung der Naturwissenschaften. Obwohl nur 10 %, der Einwohner lesen können, existieren etwa 1120 Druckereien, die 27 000 verschiedene Werke in einer Auflage von rund zehn Millionen produzieren. Eine Gutenbergbibel kostet 42 Gulden, den Gegenwert von 14 Ochsen.

**Arbeitstag**
Die tägliche Arbeitszeit der Bauern richtet sich weiterhin nach der Tageshelligkeit, dem Jahresrhythmus und den Lebensbedürfnissen der Tiere. In den großen Bergwerken beträgt die durchschnittliche Arbeitszeit rund 14 Stunden.

**Geld**
Obwohl es keine einheitliche Münzordnung gibt, setzt sich die Goldprägung nach Florentiner Vorbild durch. An die Stelle des bisher vorherrschenden Naturalientausches tritt immer stärker die Geldwirtschaft, sowohl bei den bäuerlichen Abgaben als auch im Handel. Die massenhafte Einfuhr von Edelmetall durch die Portugiesen führt allerdings zur Inflation.

**Handel**
Den größten Anteil am Fernhandel haben die Luxusgüter, während 60 bis 70 % des Grundbedarfs selbst produziert wird. Zu den wesentlichen Handelswaren zählen Gewürze, die extrem teuer sind, Leinen, Pelze, Waffen, Gemüse und vor allem Edelmetalle.

**Familie**
In den bäuerlichen und städtischen Großfamilien ist die Eheschließung aus materiellen Gründen weiter von größter Bedeutung. Nach einer Werbung erfolgt eine Eheverabredung und ein Vertrag über die Mitgift. Die Trauung wird von einem Treuhänder, häufig einem Priester, vorgenommen.

# Die Welt im Umbruch

## Neuzeit/Entdeckungen 5

**Wohnen**
In den städtischen Selbstverwaltungen entstehen repräsentative Häuser des Bürgertums, die auf Grund des Platzmangels in den befestigten Städten allmählich schmaler und höher werden. Die meist mit Kachelöfen schlecht beheizten Häuser sind Naturstein- oder Ziegelbauten.

**Haushaltsgeräte**
Neben dem selbstverständlichen Besitz von eisernen Rosten, Tellern, Sieben, Kellen und Löffeln existieren Essbestecke von aufwändiger Machart. Größten Luxus treiben die Patrizierfamilien mit Edelmetallgeschirr, das auch als Wertreserve für Notzeiten Verwendung findet.

**Essen und Trinken**
In den gehobenen Kreisen werden zu festlichen Anlässen häufig bis zu neun Gänge aufgetischt. Dazu gehören verschieden zubereitetes Fleisch, Wildbret, Fisch, Hafergrütze und Reis. Mehrere Biersorten sowie Rhein- oder Neckarweine trinkt man ebenso wie den Branntwein.

**Kleidung**
Mit regionalen Unterschieden ist die burgundische Tracht in Mitteleuropa verbreitet. Das Männerwams bekommt knielange Faltenschöße und wird vorn offen getragen, um das teure Hemd zu zeigen. Das Ehrengewand des Mannes ist ein talarähnlicher, mit Pelz gefütterter Überrock. Frauen tragen geschnürte Mieder, bestickte Lätzchen, zwei Röcke, von denen der obere in einer Schleppe ausläuft sowie mitunter Mäntel.

**Hygiene**
Das gemeinsame Baden beider Geschlechter, wobei getafelt und getrunken wird, ist weit verbreiteter Brauch. Außerdem nimmt man Dampf- und Schwitzbäder. Die starke Zunahme venerischer Krankheiten führt zu einer Abnahme der Badehäuser. In den engen Städten verschlechtern sich mit der Zunahme der Bevölkerung die hygienischen Verhältnisse.

**Feste und Unterhaltung**
Volkstümlich werden die Kirchenfeste sowie die neuen Schützenfeste gefeiert. Neben den bäuerlichen Springtänzen entwickelt sich, vom Klerus scharf verurteilt, der Paartanz.
An den fürstlichen Höfen spielen Adlige und Angehörige der Höfe Theater, doch ziehen ebenfalls professionelle Wanderbühnen durchs Land. Beliebt sind große Mysterienspiele.

**Reisen**
Obwohl die Straßen nur Karrengeleise sind, wird das Reisen in den Wagen angenehmer, da der Kasten mit Ledergurten an den Achsen befestigt wird und so gefedert ist. Hoch gestellte Personen benutzen häufiger eine Sänfte. In unbewohntem Gebiet ist die Gefahr, von Wegelagerern überfallen zu werden, groß und man reist oft nur in größeren Gruppen oder mit militärischem Schutz.

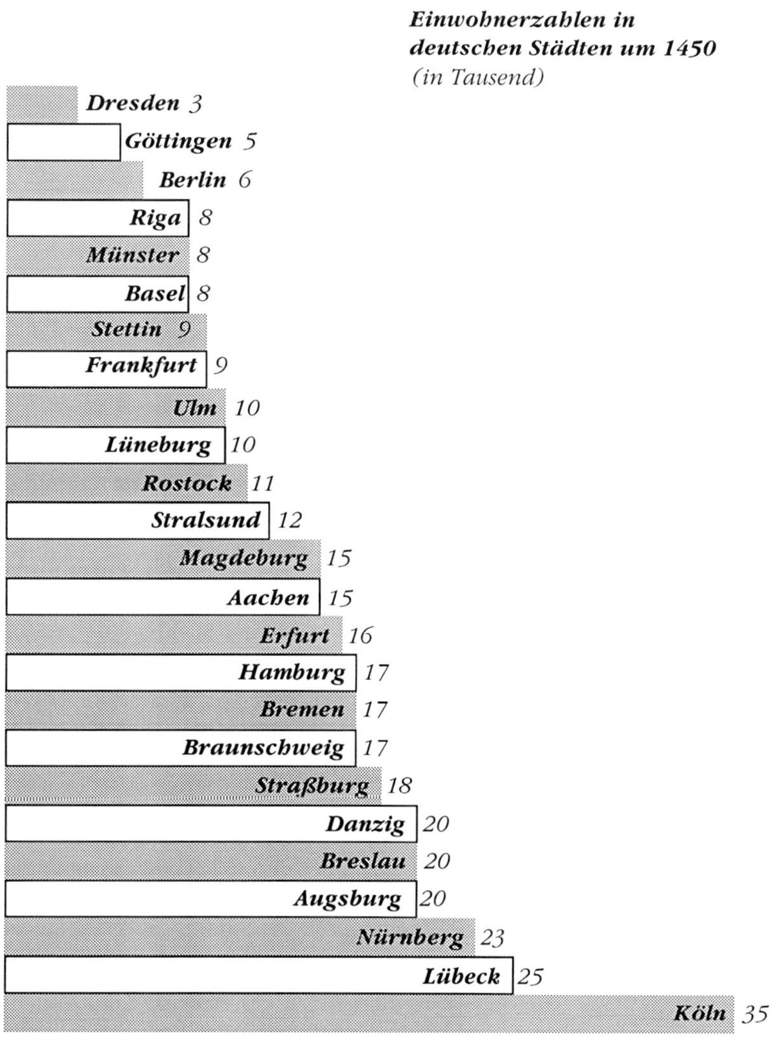

**Arbeitsblatt 40**
**Gruppe 2**

# Wider die alte Ordnung

## Reformation und Bürgerkriege 1

*Die Reformationsbewegung*

Luther, der Sohn eines aus bäuerlichen Verhältnissen zum Teilhaber eines Bergwerks aufgestiegenen Vaters, hätte Jurist werden sollen. Ein religiöses Bekehrungserlebnis bewog ihn jedoch ins Augustinerkloster einzutreten, wo er 1507 die Priesterweihe erhielt. Ein Jahr später wurde er an die Universität Wittenberg versetzt, wo er ab 1513 als Professor für Bibelauslegung wirkte. Seit 1514 war er Prediger an der Stadtkirche zu Wittenberg.

Zu dieser Zeit war er bereits zu der grundlegenden Überzeugung gelangt, dass die Rechtfertigung des Menschen nur durch die Gnade Gottes zu erlangen sei und dass allein der Glaube, dessen Offenbarung nur durch die Bibel geschehen könne, zur Erlösung des Menschen führe. Anlässlich des Erscheinens von Johann Tetzel trat Luther erstmals an die Öffentlichkeit. Tetzel war der Agent Albrechts von Brandenburg. Seine Aufgabe bestand im Verkauf von Ablässen, für den Albrecht eine achtjährige Lizenz aus Rom erhalten hatte. Als Gegenleistung musste Albrecht 50 Prozent seiner Einnahmen aus dem Ablassgeschäft an Rom zum Bau der Peterskirche abführen. Die andere Hälfte ging übrigens an die Fugger, von denen Albrecht einen Kredit erhalten hatte, den er zum „Einkauf" in das begehrte Erzbistum von Mainz seinerzeit benötigt hatte.

Die 95 Thesen Luthers befassten sich denn auch mit diesem seit langem kritisierten Ablasswesen. „Sobald das Geld im Kasten klingt, die See aus dem Fegefeuer springt" war das Prinzip dieses Geschäfts, das die eigentliche, auf Reue und Sühne beruhende christliche Moral zutiefst untergrub. Es hat sich inzwischen die Ansicht durchgesetzt, dass der erste Schritt Luthers nicht die sofortige Anschlagung der Thesen am Kirchenportal in Wittenberg war. Vielmehr schickte er zunächst zwei Exemplare davon an den Erzbischof von Mainz und an den Bischof von Brandenburg. Erst als deren Stellungnahme ausblieb, verschickte er mehrere Exemplare in lateinischer und deutscher Sprache an Freunde, was zur Verbreitung der Thesen völlig ausreichte.

Luther entzog sich den Versuchen der römischen Kurie, ihn zum Widerruf zu bewegen. Stattdessen arbeitete er in den kommenden drei Jahren mit den Schriften *„Von der babylonischen Gefangenschaft"*, *„An den christlichen Adel deutscher Nation"* und *„Von der Freiheit eines Christenmenschen"* seinen theologischen Standpunkt heraus. Die Ablehnung eines päpstlichen Primats und die Forderung nach einem allgemeinen Priestertum waren neben der Ansicht, dass nur die Bibel, nicht die Autorität der Kirche Quelle aller Offenbarung sein könne, und der Beschränkung der Sakramente auf Taufe, Buße und Abendmahl Grundpfeiler seiner Überzeugung.

Als ihn daraufhin die päpstliche Bannbulle ereilte, in der ihm eine Frist von 20 Tagen zum Widerruf gesetzt wurde, verbrannte Luther dieses Dokument öffentlich und unter dem Beifall seiner Freunde und Anhänger am 20.12.1520. Der nächste Schritt war die Zitierung Luthers vor den Wormser Reichstag auf Geheiß Maximilians I. Dort verweigerte Luther abermals den Widerruf seiner Lehre.

*Ein Brief …*

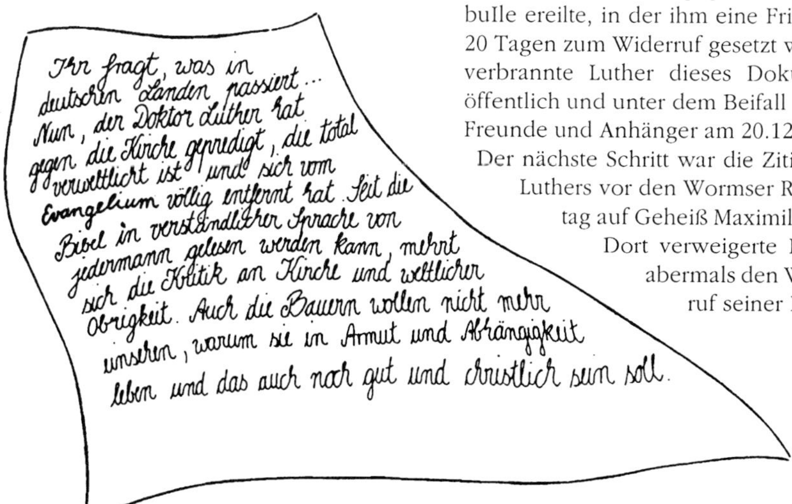

# Wider die alte Ordnung

## Reformation und Bürgerkriege 2

### *Die Reformationsbewegung (Fortsetzung)*

Der Reichstag verabschiedete daraufhin das Wormser Edikt, das die Ächtung Luthers und seiner Anhänger und die Vernichtung seiner Schriften sanktionierte. Indessen, die Durchführung dieses Urteils war nicht mehr möglich, denn das Luthertum war bereits im Begriff, eine echte Volksbewegung zu werden. Nach der Schätzung eines offiziellen päpstlichen Gesandten hatte Luther zu diesem Zeitpunkt bereits etwa 90 Prozent der Bevölkerung Deutschlands in seinen Bann gezogen und zu gesinnungsmäßigen Anhängern gemacht. Darüber hinaus trieb die Auflehnung gegenüber der Reichsgewalt zahlreiche Reichsstände in die Arme des Reformatoren. Neben Kursachsen und Kurhessen bekannten sich bereits einige Reichsstädte zu Luther, wobei gewiss das Liebäugeln mit einer möglichen Einziehung der Kirchengüter im Gefolge der Trennung von Rom eine nicht zu unterschätzende Rolle spielte. Für die vielen aber, die kleinen Städte, die Handwerker und Bauern und schließlich für die zahlreichen reformhungrigen Mönche und Priester, schien die Lehre Luthers das Anbrechen einer neuen Zeit zu verheißen, in der kein Raum mehr sein würde für eine ungerechtfertigte Herrschaft. Die verkündete Gleichheit aller Christen vor Gott schien zugleich eine Antwort auf die bewusst werdenden sozialen Probleme zu sein: Die Infragestellung der kirchlichen Hierarchie durch Luther hatte zugleich – wenn auch nur für kurze Zeit – die Legitimation der weltlichen Hierarchien untergraben.

Dass Luther sich im Verlauf des Bauernkrieges als ein rachsüchtiger Beschützer der Mächtigen erwies, kam für die Bauern überraschend und setzte der Reformation als Volksbewegung ein Ende. Auch Erasmus, der einstige Freund Luthers, war zutiefst befremdet vom Anblick eines Gottesmannes, der das Blut und die Unterjochung des einfachen Mannes forderte, während er der Bereicherung der Fürsten und der Erweiterung ihrer Rechte über die Bauern keine Grenzen setzte. Ein letzter Briefwechsel, in welchem Luther seine Lehre von der angeborenen Knechtschaft („De servo arbitrio“, 1525) der erasmischen Lehre von der Freiheit des Willens entgegenhielt, beendete das Verhältnis.

▶ *Der Luther nahe stehende Künstler Lucas Cranach vergleicht auf einem Holzschnitt-Flugblatt Jesus und den Papst*

• ***Was will er ausdrücken?***

**Arbeitsblatt 42**
**Gruppe 2**

# Wider die alte Ordnung
## Reformation und Bürgerkriege 3

*„Wir müssen die Herren abwerfen, die auf unseren Rücken sitzen."*

Es war im Spätsommer 1524. Als der Weizen reifte, stahl der Herr auf der Burg uns unsere Zeit, sodass wir unsere eigene Ernte nicht einbringen konnten und sie auf den Feldern umkam. Aber nicht genug damit, er verlangte von uns hohe Steuern für neue und grausamere Waffen. Es waren unruhige Zeiten.

Da kam aus dem Wald ein junger Mann, er war voller Zorn. Er rief die Dorfbewohner zu einem nächtlichen Treffen im Wald zusammen.

Er sagte: „Seht auf die Erde, seht auf eure Hände. Seht auf die hohlen Wangen eurer Kinder. Und dann seht auf die vollen Bäuche und die glatten Hände der Herren. Ihre Bäuche füllen sich mit dem, was sie uns gestohlen haben! Alle Kreaturen raffen sie an sich! Die Fische im Wasser, die Vögel in der Luft, die Pflanzen auf dem Boden. Und dann predigen sie uns: Du darfst nicht stehlen! Sie selber stehlen, was sie kriegen können. Bestehlen uns durch hohe Steuern. Sie schinden und schaden uns Bauern und Handwerkern. Aber uns werden die Ohren abgeschnitten und die Augen ausgestochen bei dem geringsten Verstoß gegen ihre Gesetze.
Die Erde soll allen gehören. Wer nicht arbeitet, wer sich durch unserer Hände Arbeit ernährt, hat kein Recht zu leben. Wir müssen die Herren, die auf unserem Rücken sitzen, abwerfen!"

Einige der jüngeren Frauen und Männer standen auf und riefen: „Hurra! Ja, er hat Recht, wir wollen mit Waffen gegen die Herren kämpfen."

Aber die meisten schwiegen. Er hatte gut gesprochen und vielleicht hatte er Recht. Aber die Älteren unter uns sagten: „Aufrührerische Reden haben wir schon früher gehört. Und Aufruhr haben wir auch schon erlebt. Mit unseren Heugabeln können wir vielleicht Landstreicher in die Flucht jagen, aber was richten wir mit ihnen gegen das Aufgebot der Herren aus? Der Hunger hat schon genügend Leben gekostet. Noch mehr dürfen nicht draufgehen."
Und dabei blieb es. Der Mann ging wieder in die Wälder. Ein Trupp Soldaten war hinter ihm her. Der Mann hieß Thomas Münzer.

Es wurde ein schwerer Winter. Zu wenig Weizen und Roggen zum Backen, zu wenig Hafer für das Vieh. Wir mussten das Vieh schlachten, von dem wir uns im nächsten Jahr ernähren wollten. Aber die Scheuern des Herrn waren voll Weizen, Roggen und gesalzenem Fleisch. Die Jüngeren unter uns, die gerufen hatten „Hurra, er hat Recht", sagten, „Aufruhr ist das Einzige, was uns vor dem Verhungern retten kann." Berichte und Gerüchte über Aufruhr drangen zu uns. Die Bauern in einem Land hinter dem Wald hatten sich geweigert, für den Grundbesitzer zu arbeiten. Die Handwerker in den Städten stellten sich auf die Seite der Bauern. Sie weigerten sich Steuern zu bezahlen. Der Aufruhr, von dem Thomas Münzer gesprochen hatte, war da. Das wärmte uns in diesem kalten Winter.

Im Februar anno 1525 brach der Sturm los. Bauernheere zogen an unserem Dorf vorbei. Die Grundbesitzer und Priester flüchteten vor ihnen. Das Land gehörte uns. Wir plünderten die Kostbarkeiten auf den Burgen, wir leerten die Scheuern. Wir steckten die Burgen an. Wir aßen uns satt. „Keiner soll mehr hungern. Thomas Münzer hatte Recht." Im Dorf herrschte Freude. Nun würden wir gemeinsam den Boden bestellen.

# Wider die alte Ordnung

## Reformation und Bürgerkriege 4

*„Wir müssen die Herren abwerfen, die auf unseren Rücken sitzen.“ (Fortsetzung)*

Gewaltige Bauernheere zogen vorbei. Man sprach von dreißigtausend Mann. Bauern aus hundert Kilometer entfernten Dörfern und Ausländer aus dem Süden waren unter ihnen. Sie redeten in einer seltsamen Sprache. Ganz anders, als wir in unserem Dorf sprachen. Sie sahen anders aus, kleiner und gedrungener. Die stärksten und tapfersten Männer im Dorf bewaffneten sich, zogen mit dem Heer und führten mit den anderen Männern zusammen Krieg. Alle wollten ja dasselbe.
Eines ihrer Lieder hieß:
*Heijoh! Nun geht's mit Sens und Axt*
*an Pfaff und Edelmann.*
*Sie schlugen mich mit Prügeln platt*
*und machten mich mit Hunger satt,*
*sie zogen mir die Haut vom Leib*
*und taten Schand an Kind und Weib.*
*Ich bin der arme Kunrad,*
*Spieß voran, drauf und dran!*

Es folgten lange Zeiten voll grausamer Kämpfe und voller Hinterlist. Die Grundbesitzer verbündeten sich mit ihren Feinden, den reichen Kaufleuten und Königen, und stellten große Soldatenheere auf. Der alte Groll war vergessen, denn jetzt drohten wir Bauern und Handwerker den Bodenbesitzern das Land zu nehmen und den Königen und Kaufleuten ihr Geld. Die Könige standen an der Spitze der Heere. Sie holten Soldaten aus weit entfernten Ländern herbei.
Im Frühling stießen Bauern und gekaufte Soldaten in vielen blutigen Schlachten im Gebiet unseres Dorfes aufeinander. Die Grausamkeiten der Soldaten waren furchtbar. Sie vergewaltigten Frauen, plünderten und mordeten.
Jetzt waren alle Länder, die wir kannten, miteinander im Krieg. In den Städten erhoben sich die Handwerker gegen ihre Herren, die Kaufleute.
Die ganze Welt lag im Krieg miteinander. Burgen, Kirchen, ganze Städte standen in Flammen. Im März standen sich die Heere wie zwei gleich starke Stiere gegenüber. Keiner konnte gewinnen. Sie schlossen Verträge, damit die Kämpfe beendet würden. Viele der Forderungen der Bauern sollten erfüllt werden. Aber das war ein Betrug. In der Nacht wurde das Lager des Bauernheeres überfallen. Ungezählte wurden im Schlaf ermordet.

Der Krieg wurde fortgesetzt. Auch die Grausamkeit und die Hinterlist der Grundbesitzer nahm kein Ende. Die Bauern waren des Krieges müde. Die Männer unseres Dorfes, die in den Krieg gezogen waren, kamen zurück. Sie erzählten: „Unsere Anführer sagen, wir müssten den Krieg fortsetzen und alle Länder befreien, aber wir haben diesen Krieg satt. Was kümmern uns die Bauern in den anderen Ländern. Uns genügt es, dass wir unser Dorf befreit haben. Wir müssen den Boden bestellen.“

Eines Tages, zu Beginn des Sommers, als wir unsere Äcker bestellten, kam der Grundbesitzer an der Spitze eines Trupps Soldaten zurück. Wer gegen ihn in den Krieg gezogen war, starb eines grausamen Todes. Einer wurde langsam über glühenden Kohlen geröstet. Viele wurden in den Obstbäumen bei uns aufgehängt. Einigen wurde der Kopf abgeschlagen. Das war ein großes Unglück. Die alten Leute im Dorf sagen: „Wir haben Recht behalten, ihr hättet auf uns hören sollen.“

Jetzt erwarten wir wieder einen schweren Winter. Keiner spricht mehr von Aufruhr. Für uns Bauern geht die Schinderei weiter.

# Wider die alte Ordnung

## Reformation und Bürgerkriege 5

## *Drei Jahrzehnte Krieg*

**Politische Situation**

Nach der inneren Erneuerung der katholischen Kirche durch das Konzil von Trient hatte die katholische Kirche wieder Fuß gefasst. Gebiete wurden zurückgewonnen und das Kräfteverhältnis zwischen den evangelischen und den katholischen Fürsten war wieder annähernd gleich geworden.
Aber die Spannungen wuchsen und beide Parteien schlossen sich zu Schutzbündnissen zusammen: die evangelischen Fürsten zur „UNION“, die katholischen zur „LIGA“.
In Böhmen fühlten sich die Protestanten bedroht. Sie warfen die kaiserlichen Beamten aus dem Fenster und wählten Friedrich von der Pfalz zu ihrem König (1618).
Das bedeutete Krieg!

**30 Jahre Krieg**

Mit unvorstellbarer Grausamkeit wurde nun drei Jahrzehnte lang gekämpft. Von überall her wurden Söldner gemietet (Sold = Lohn), die für jeden kämpften, der sie bezahlte.

Am größten war die Not für die kleinen Leute: Bauern und Bürger wurden abgeschlachtet oder starben an Hunger und Seuchen.

- ***Lies dazu: Tilman Röhrig, In drei hundert Jahren vielleicht***

**Ein furchtbares Ergebnis**

Als Religionskrieg hatte der 30-jährige Krieg begonnen; er entwickelte sich aber zu einem Kampf der Fürsten gegen die habsburgische Kaisermacht und zugleich zu einem Kampf der großen Mächte um die Vorherrschaft in Europa.

Als 1648 der so genannte Westfälische Friede geschlossen wurde, war Deutschland ruiniert: Wo der Krieg gewütet hatte, waren Städte, Dörfer, Burgen und Klöster zerstört und die Felder verwüstet. Es fehlte an Saatkorn, Ackergerät und Vieh. Kunst, Handel und Gewerbe lagen brach.
Die Menschen waren verwildert, es herrschten Aberglaube und Hexenwahn. Die Einwohnerzahl Deutschlands war durch Krieg und Pest von 18 auf 5 Millionen zusammengeschrumpft.

Das Reich zerfiel in fast 400 (!) kleine Einzelgebilde, die völlig selbstständig sein wollten. Dem Kaiser blieb im eigenen Land nur noch der Titel.

Deutschland wurde außenpolitisch bedeutungslos und verlor seine alte Stellung in Europa an Frankreich und Schweden.

Die Schweiz und die Niederlande schieden jetzt endgültig aus dem Reich aus. Viele vorher umstrittene Gebiete mussten an andere Länder abgetreten werden.

Von dieser Katastrophe konnte sich das Land nie wieder völlig erholen.

▼ *Reformation und Gegenreformation im Deutschen Reich*

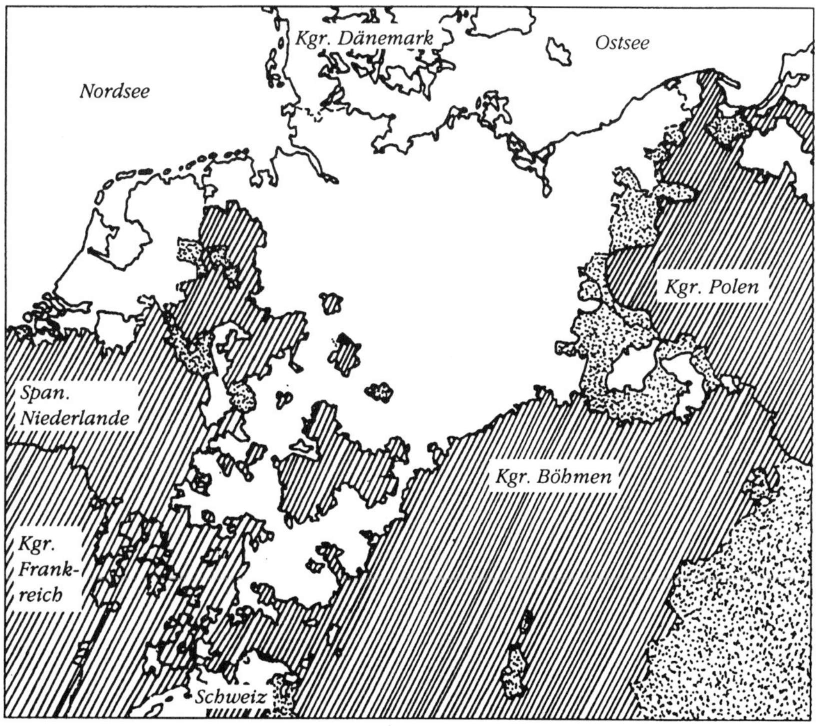


*reformierte Gebiete*

*katholische Teilerfolge*

*katholische bzw. dem Katholizismus wiedergewonnene Gebiete*

# Dem König an den Kragen

## Absolutismus/Französische Revolution 1

### *Der Absolutismus*

Nach den Wirren des 30-jährigen Krieges gelang es den Fürsten, ihre Macht erheblich zu erweitern. Jeder Kleinstaat versuchte den anderen an Prachtentfaltung und luxuriöser Hofhaltung zu übertreffen.
Manchmal hatte der Landesherr auch das Wohl seiner Bürger im Auge, die aber – gerade deswegen – mit harter Hand regiert wurden.
Zur Machtausübung gehören aber immer auch die richtigen Hilfsmittel: Die absoluten Fürsten stützten sich deshalb auf

a) ein *Heer* zur Machtausübung,
b) *Beamte* zur Verwaltung,
c) eine besondere Entwicklung der Wirtschaft = *Merkantilismus* (s.u.) und
d) große *Staatsgüter* (Domänen) zur finanziellen Absicherung.

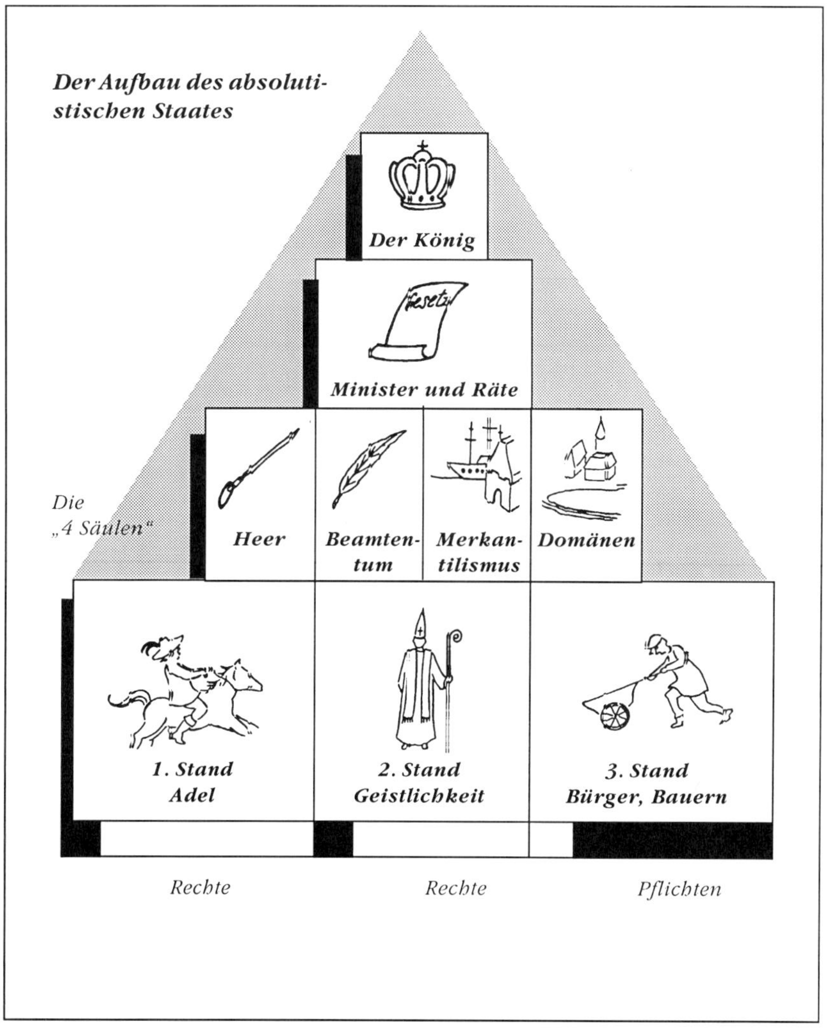


▲ *Besonders geschickt wurde auf diese Weise durch den französischen König Ludwig XIV. regiert, den deshalb viele Fürsten nachzuahmen suchten.*

**Erklärung „Merkantilismus"**
Billige *Rohstoffe* (z.B. Wolle) werden nicht aus- sondern nur eingeführt. Ausgeführt werden dagegen *Fertigwaren* (z.B. Kleidung), die im eigenen Land mit billigen Arbeitskräften in Kleinbetrieben hergestellt werden. Die Einfuhr der „veredelten", Gewinnbringenden Güter ist verboten.

Dieses System wird im Welthandel noch heute angewendet. Es benachteiligt die Rohstoff liefernden Entwicklungsländer und ist zum Nutzen der Industrieländer.

▼ *Das Prinzip des Merkantilismus*
*1 Betriebe*
*2 Rohstoffe*
*3 Fertigwaren*

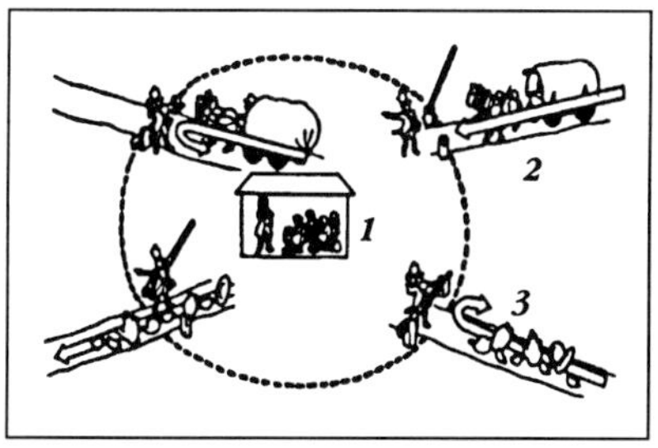

# Dem König an den Kragen

## Absolutismus/Französische Revolution 2

### *Kulturelles Leben im absolutistischen Zeitalter*

*Lustschloss Monrepos bei Ludwigsburg/ Württemberg (1763–1776 erbaut)*

*Klosterkirche Weingarten in Oberschwaben (1715–1724 erbaut)*

In der Zeit der absoluten Fürstenherrschaft (17/18. Jh.) wurde die Kluft zwischen den Ständen in der Bevölkerung immer größer: Adel und Geistlichkeit genossen mancherlei Vorrechte; der 3. Stand –Bürger und Bauern – hatten „alleruntertänigst" die hohen Lasten für Fürstenhof und Staatsverwaltung zu tragen.
Wissenschaften und Künste aber blühten in jener Zeit. Eine neue Geistesrichtung, die „*Aufklärung*" beeinflusste das kulturelle, politische und wirtschaftliche Leben. Dichtkunst, Musik und Malerei brachten unvergängliche Meisterwerke abendländischer Kultur hervor. Ein neuer Kunststil, das *Barock*, ließ – getragen vornehmlich von den Fürsten und Kirchen – prächtige Schlossanlagen und Gotteshäuser entstehen. Seinen Ausklang fand das Barock im 18. Jh. im zierlicheren *Rokoko*.

- ***Was sagen die Nachschlagebücher über die Namen „Barock" und „Rokoko"?***
- ***Nenne Baustile früherer Jahrhunderte!***
- ***Sammle Abbildungen anderer Barock- und Rokokobauten! Gibt es solche Bauten auch in deiner Heimat?***
- ***Einige der in den 5 Spalten aufgezeichneten Persönlichkeiten kennst du sicher schon. Was weißt du von ihrem Leben, ihren Werken, ihrer Bedeutung?***

▼ *Berühmte Baumeister des Barock- und Rokokostils findest du in der rechten Spalte der unten stehenden Aufstellung. Vielleicht baute einer von ihnen in deiner Heimat?*

|  |  |  |  |  |
|---|---|---|---|---|
| *John Locke 1632–1704* | *Pierre Corneille 1606–1684* | *Georg Phil. Telemann 1681–1767* | *Peter Paul Rubens 1577–1640* | *Joh. B. Fischer v. Erlach 1656–1723* |
| *Isaak Newton 1643–1727* | *Jean Racine 1639–1699* | *Johann Sebastian Bach 1685–1750* | *Diego d. Silva y Velazquez 1599–1660* | *Daniel Pöppelmann 1662–1736* |
| *Gottf. Wilhelm Leibniz 1646–1716* | *Christ. Fürchteg. Gellert 1715–1769* | *Georg Friedr. Händel 1685–1759* | *Rembrand van Rijn 1606–1669* | *Andreas Schlüter 1664–1714* |
| *Francois M. Voltaire 1694–1778* | *Friedr. Gottl. Klopstock 1724–1803* | *Jean Phil. Rameau 1689–1764* | *Bartolomé Esteb. Murillo 1618–1682* | *Johann Dintzenhofer 1665–1726* |
| *Adam Smith 1723–1790* | *Gotth. Ephraim Lessing 1729–1781* | *Christoph Willib. Gluck 1714–1787* | *Antoine Pesne 1683–1757* | *Lucas v. Hildebrand 1668–1745* |
| *Immanuel Kant 1724–1804* | *Johann Gottfr. Herder 1744–1803* | *Joseph Haydn 1732–1809* | *Antoine Watteau 1684–1721* | *Balthasar Neumann 1687–1753* |
| *Luigi Galvani 1737–1798* | *Johann Wolfg. v. Goethe 1749–1832* | *Wolfgang A. Mozart 1756–1791* | *Daniel Chodowiecki 1726–1801* | *Johann Konr. Schlaun 1695–1773* |
| *Joh. Heinr. Pestalozzi 1746–1827* | *Friedrich v. Schiller 1759–1805* | *Ludwig v. Beethoven 1770–1827* | | *Georg v. Knobelsdorf 1699–1753* |

# Dem König an den Kragen

## Absolutismus/Französische Revolution 3

*Zeitaufnahme des Lebens im Jahre 1750*

Nach dem Ende des konfessionellen Zeitalters der Glaubenskriege nach der Reformation existiert zwar das römisch-deutsche Kaisertum noch, besitzt jedoch kaum Macht. Deutschland ist kein einheitlicher Nationalstaat, sondern ein immer lockerer gewordener Staatenbund verschiedener Territorialfürstentümer. Als Staatsform hat sich bei den kleinen wie den großen Staaten der Absolutismus, d.h. die uneingeschränkte Herrschaft des Landesfürsten, herausgebildet. Aufgeklärt nennt sich die Herrschergewalt, wenn der Fürst sich nicht nur persönlich bereichert, sondern die Untertanen mit Hilfe eines komplizierten Verwaltungsapparates zum Wohl des gesamten Staates bevormundet. Der Zerfall selbstständiger Städte durch Hungersnöte, Kriegsverwüstungen und Pest sowie die Konzentration des Lebens auf den fürstlichen Hof lassen kaum ein bürgerliches Selbstbewusstsein entstehen.

**Bevölkerung**
Vom Ende des Dreißigjährigen Kriegs an hat die Bevölkerungszahl zwar langsam, aber erheblich zugenommen. In Deutschland leben rund 16 Millionen Menschen (in Europa einschließlich Russland etwa 130 Millionen), d.h. rund 30 Menschen bewohnen einen Quadratkilometer. Die Mehrzahl der Bevölkerung lebt auf dem Land.

**Sprache**
Zunehmend setzt sich die deutsche Sprache auch als Wissenschaftssprache durch.
Die Buchproduktion befindet sich infolge des Kriegs auf einem Tiefpunkt.

**Soziale Ordnung**
Trotz der politischen Zersplitterung besteht in jedem Kleinstaat die gleiche soziale Pyramide. Unten stehen die Bauern als nahezu Leibeigene des Landadels, an der Spitze befindet sich der alles entscheidende Landesfürst und der Adel. Zwischen den Extremen lebt das Stadtbürgertum, das in Adel (Patrizier und höhere Beamte) und Bauern unterteilt werden kann. Die neue Gruppe der Beamten, die für die aufwändige Verwaltung gebraucht werden, eröffnet Adel und Bürgertum ein Hofleben, das zwar Privilegien bietet, aber keinen Bürgergeist aufkommen lässt.

**Religion**
Der Katholizismus fällt gegenüber der protestantischen Kirche immer stärker zurück. Bei den Protestanten entstehen große Bewegungen, die von England und den Niederlanden beeinflusst sind. Aufklärungsphilosophie und Pietismus stehen einander gegenüber.

**Recht**
Mit der Auflösung des Lehensrechts durch den Absolutismus liegt die politische Gewalt zwar beim Landesherren, der Adel besitzt jedoch die Rechtsgewalt in seinen Gütern. Im Zuge der akademischen Diskussion des Naturrechts (Menschenrechte) wird das Strafrecht allmählich humanisiert. An Stelle der grausamen Körperstrafen des Mittelalters treten Freiheitsstrafen in den Vordergrund, wobei der Aufbau der Manufakturen, die häufig mit Strafgefangenen arbeiten, eine Rolle spielt.

**Bildung**
Die Kleinstaaten erkennen die politische Bedeutung der Schulbildung und beginnen mit der Errichtung des staatlichen Schulwesens. Dabei werden in Realschulen statt Latein und Religion die lebenden Sprachen, Bauwesen, Mathematik, Physik und Wirtschaftswissenschaft gelehrt. Gleichwohl bleibt die Ausbildung auf dem Land weitgehend auf das Lesen des Katechismus beschränkt. Der große Unterschied zwischen Hochadel und Volk ist in der Standeserziehung der Prinzen deutlich.

# Dem König an den Kragen

## Absolutismus/Französische Revolution 4

### *Zeitaufnahme des Lebens im Jahre 1750 (Fortsetzung)*

**Arbeitstag**
Während die Bauern sich weiter nach dem Tagesrhythmus richten und neben ihrer Eigenwirtschaft, von der sie Abgaben zahlen müssen, auch Fronarbeit leisten, ist die Arbeit in den neuen Manufakturen zeitlich geregelt. Die Arbeitszeit beträgt durchschnittlich 14 bis 17 Stunden täglich. Trotz der beginnenden Arbeitsverträge produzieren die Manufakturen häufig mit Zwangsarbeitern aus Gefängnissen. Kinder aus Waisenhäusern arbeiten meist zehn Stunden.

**Geld**
Die häufigsten Münzsorten, die allerdings wegen der politischen Zersplitterung unterschiedliche Wertigkeit besitzen, sind Taler und Groschen (in Norddeutschland) sowie Gulden und Kreuzer (in Süddeutschland). 16 Groschen (60 Kreuzer) sind ein Gulden. 24 Groschen (90 Kreuzer) sind ein Taler. Während der Landadel steuerfrei ist, tragen die Bauern die Hauptlast der Besteuerung.

**Handel**
Der Haupthandel ist örtlich auf den Austausch von landwirtschaftlichen Produkten gegen gewerbliche Güter der Stadt beschränkt. Die Wirtschaftsform des Merkantilismus bringt in den kleinen Territorien der Fürstentümer keinen Gewinn.
In einigen deutschen Ländern werden Menschen zur Außenhandelsware. Gegen erhebliche Zahlungen verkaufen die Fürsten Untertanen als Soldaten.

**Familie**
Durch die neuen Gewerbearbeiten wird die traditionelle Familienordnung grundlegend verändert. Zunehmend werden junge Ehen als Produktionseinheiten gegründet, in denen auch die Frauen in der Landwirtschaft oder in Heimarbeit für den Unterhalt sorgen müssen. Fürstliche Verordnungen zwingen Frauen sogar, unentgeltliche Zwangsheimarbeit für die Manufakturbesitzer zu leisten.

*Neubau des Klosters Melk a.d. Donau (1702–1749)*

*Wallpavillon des Dresdener Zwingers (1711 begonnen)*

**Wohnen**
Während der Hochadel in aufwändigen Schlössern des Barock und Rokoko ein für die Wirtschaft des Landes ruinöses Leben führt, legt das Bürgertum mehr Wert auf einen gediegenen, jedoch einfacheren Lebensstil, der eher der Bequemlichkeit dient.

**Haushaltsgeräte**
Wesentlichste Veränderungen gegenüber früheren Formen ist der Gebrauch der Gabel als individuelles Essbesteck. Die Einführung von Fayencen und Porzellangeschirr ersetzt zunehmend die bisherigen Stein- und Metallgefäße. Dabei entstehen neue Formen durch die neuen Genussmittel wie Kaffee und Schokolade.

**Essen und Trinken**
Die deutsche Küche hat keinen guten ruf. Man häuft, als gute Sitte, nur besonders viel Speisen an. Zu den großen Mengen wird ausgiebig getrunken. Ein Baron beklagt während eines Aufenthalts in Würzburg, dass er sich wegen der ständigen Trinksprüche zweimal täglich betrinken müsse.

**Kleidung**
Bauern tragen ihre Kleidung, bis sie völlig abgenutzt ist. Die Festtracht entspricht deshalb häufig den Stadtmoden früherer Zeiten. Adel und Bürgertum kleiden sich nach französischem Vorbild, wobei der Reifrock der Damen so groß wird, dass sie nur noch seitwärts durch Türen gehen können.

**Hygiene**
Obwohl auf Reinlichkeit nicht sonderlich geachtet wird – man benutzt lieber Schminke und Puder – verbessert sich die Wasserversorgung. Die Städte bekommen primitive Abwasserkanäle. Das Frischwasser, das in städtischen Reservoirs gesammelt wird, ist von schlechter Qualität, zumal in den Städten Vieh gehalten wird.

**Feste und Unterhaltung**
An den Höfen existiert ein reiches Leben der Bälle und Empfänge. Oper und Theater, Singspiele und Maskenfeste sind die Unterhaltungen des Adels. Selbst kleinste Höfe unterhalten eigene Kapellen.

**Reisen**
Wegen der schlechten Straßen, die nahezu nirgends gepflastert sind, ist das Reisen ein gefährliches Abenteuer. Trotzdem entwickeln sich zahlreiche Gasthöfe, die in größeren Städten wie Frankfurt international anerkannt sind. Statt der unbrauchbaren Straßen werden die Wasserwege für den Gütertransport ausgebaut.

# Dem König an den Kragen

## Absolutismus/Französische Revolution 5

### *Die Französische Revolution*

Als 1776 die Vereinigten Staaten von Amerika ihre Unabhängigkeitserklärung veröffentlichten, machte das auf die unter absoluter Fürstenherrschaft lebenden Europäer gewaltigen Eindruck. Zum ersten Mal in der Geschichte wurde nämlich gesagt, dass alle Menschen *frei* und *gleich* sind und dass es *Rechte* gibt, die ihnen niemand abnehmen oder einschränken darf.

In Frankreich entlädt sich die Unzufriedenheit als Erstes: 1789 reißt das Volk die Macht an sich. Der selbstbewusste „3. Stand", die Bürger, wird von der Masse der verarmten Bauern und Manufaktur-Arbeiter unterstützt. Adel und Geistlichkeit müssen ihre Vorrechte (Privilegien) ab treten, der König wird einige Jahre später abgesetzt und hingerichtet. Neben der „Erklärung der Menschenrechte" verbreitet sich der Wahlspruch der Revolution wie ein Lauffeuer in Europa:
*„Freiheit, Gleichheit, Brüderlichkeit".*

◀ *Zeitgenössische Karikatur: Klerus und Adel auf dem Rücken des Bauernstandes.*

◀ *Der Sturm auf die Bastille am 14.7.1789 wird noch heute als Beginn der Französischen Revolution gefeiert.*

▶

***Der Verlauf der Revolution.***
*1. Philosophen erdachten neue Grundsätze für das Zusammenleben der Menschen.*
*2. Ihre Ideen wurden durch Wort und Schrift in der Bevölkerung verbreitet und diskutiert.*
*3. Politiker lenkten die Massen zur revolutionären Tat.*
*4. Eine gemäßigte Regierung stellte sich neben die bisherigen Inhaber der Macht.*
*5. Radikale rissen die Macht an sich. Das bisherige „Establishment" wurde beseitigt.*
*6. Eine neue Regierung versuchte, die Ordnung wiederherzustellen.*
*7. Viele Bürger waren von den unsicheren Massnahmen der schwachen Regierung enttäuscht. Sie riefen nach einem „starken Mann". Das war die Stunde für den Diktator, die Macht an sich zu reißen. (Wer ist das?)*

# Um Einheit und Freiheit

## Die 48er-Revolution 1

▼ ***Das Zeitalter der Befreiungskriege:***
*Dorfgefecht zwischen preußischer Landwehr und französischer Gardeinfanterie. (Gemälde von Jakob Munk)*

▼ ***Napoleons Niederlage:***
*Reste der zertrümmerten „Großen Armee" treffen Anfang 1813 in einer preußischen Grenzstadt ein. Von den 600 000 Soldaten, mit denen Napoleon gen Moskau zog, kamen nur etwa 30 000 zurück.*

### *Napoleons Scheitern und die nationale Einigungsbewegung*

Aus den Wirren der Französischen Revolution war der General Napoleon zum Herrn Frankreichs und Europas aufgestiegen. Er schwächte den Einfluss der alten Mächte (Fürsten und Kirche), beseitigte Kleinstaaten und führte neue Gesetze und Rechte ein.

Allerdings unterschätzte er den neuen Freiheitswillen der unterworfenen Völker, die sich mit ihrer Sehnsucht nach nationaler Einigung (= jedes Volk mit eigener Sprache und Kultur soll auch einen eigenen Staat bilden dürfen) nun gegen ihn richteten.

Napoleon scheiterte, aber die Ideen des neuen Jahrhunderts waren nicht mehr aus den Köpfen der Menschen herauszubringen; persönliche Freiheit, demokratische Mitbestimmung in Parlamenten, nationale Einigung!

Der nachstehend abgedruckte Auszug aus einem Album unserer Großväter (1936) beschwört die Begeisterung des Freiheitskampfes vor 180 Jahren:

„Als der zwanzigjährige Weltkrieg des Napoleonischen Zeitalters zu Ende gegangen ist, glauben die Völker mit dem Neubau jener besseren Welt beginnen zu können, um die Millionen gekämpft haben. Das leidenschaftlich erwachte Bürgertum, der „dritte Stand", fordert auch in Deutschland Anteil an der politischen Verantwortung. Die Kriegskameradschaft, die in Berufsgemeinschaften, in romantischen Dichterkreisen, Turnerschaften, Studenten- und Professorengruppen weiterwirkt, entflammt zur bürgerlich-politischen Aktivität. Die Sicherung der staatsbürgerlichen Rechte, die Selbstverwaltung der Gemeinden, die Befreiung der Bauern aus ihrer Abhängigkeit, die Freiheit in Handwerk und Gewerbe soll in der geschriebenen Verfassung eines gesamtdeutschen Reiches verankert werden. Die ideellen Grundlagen für die ersehnte Reichseinheit sind durch die verklärende Erforschung der altdeutschen Vergangenheit, durch die neue Sprach- und Kulturwissenschaft, durch das Aufsteigen des deutschen Geistes in Klassik und Romantik gelegt. Der Verfassungsstaat, den man vorbereitet, soll Preußen und Österreich und die deutschen Mittelstaaten umschließen.
Wie in Deutschland, so rühren sich die demokratischen und nationalen Kräfte auch in Polen, das der Unterdrückung durch das Zarenreich opfervollen Widerstand entgegenstellt, in Griechenland, das um die Befreiung vom türkischen Joche ringt, und in Italien, das in Erinnerung an die einstige Größe zum Nationalbewusstsein erwacht."

# Um Einheit und Freiheit

## Die 48er-Revolution 2

*Deutschland 1848*

Abgeordnete aus den 28 Einzelstaaten werden am 30. März zu einem „Vorparlament" in Frankfurt zusammengerufen.
Vom Volk gewählte Abgeordnete ziehen am 18. Mai feierlich in die Paulskirche in Frankfurt ein, begleitet von den Wünschen der ganzen Nation, von den Regierungen argwöhnisch betrachtet.

Als der König von Preußen die in der Paulskirche beschlossene Reichsverfassung ablehnt, entstehen neue Unruhen, die blutig niedergeschlagen werden.

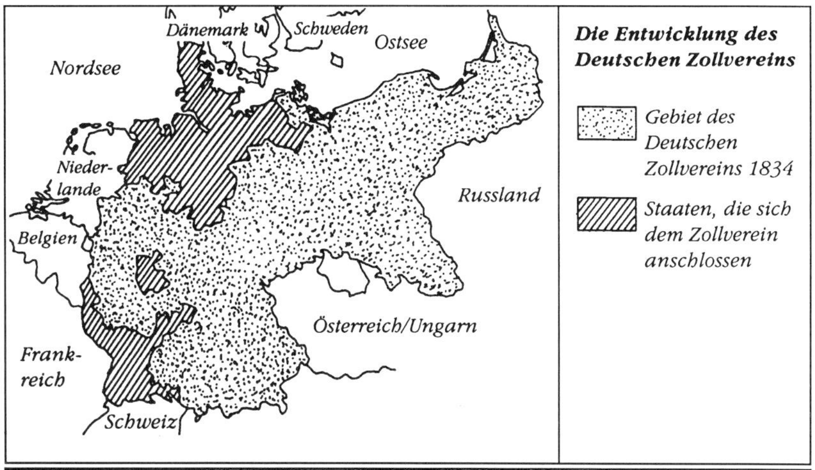

*Einzug der Abgeordneten in die Paulskirche am 30. März 1848*

# Um Einheit und Freiheit

## Die 48er-Revolution 3

Volksforderungen nach einer gemeinsamen Volksvertretung, Freiheit der Presse, Versammlungsfreiheit und die Forderung nach einem deutschen Parlament lassen im März 1848 an den verschiedensten Orten zugleich die Revolution ausbrechen. Viele Fürsten müssen nachgeben. Ausnahmegesetze, Zensur und Vereinsverbote werden aufgehoben, neue Regierungen gebildet und öffentliche Wahlen ausgeschrieben.
Eine Flut von Zeitungen, Broschüren und Flugblättern sucht Anhänger für unterschiedliche politische Ziele.
Parteien, bis dahin verboten, müssen sich erst bilden. Arbeitsvereine und Arbeiterbildungsvereine entstehen, die hoffen, dass das Frankfurter Parlament auch ihre Wünsche berücksichtigt:

- zeitgemäßes Arbeitsrecht,
- soziale Sicherungsmaßnahmen
- und das Recht sich zu organisieren.

▲ *Barrikadenkämpfe in Berlin am 19. März 1848*

Der Verlauf der politischen Ereignisse löst eine tiefe Enttäuschung aus; die Menschen wenden sich für lange Zeit von der politischen Mitbestimmung ab und ziehen sich ins Privatleben zurück („Biedermeier").

*1.* ***Straßenkämpfe in vielen Orten***
*Barrikaden gegen das Militär.*
*2.* ***April 1848:***
*Erste freie Wahlen in ganz Deutschland*
*3.* ***Mai 1848:***
*Einzug der Abgeordneten in die Frankfurter Paulskirche zur Deutschen Nationalversammlung. (Das „Professoren-Parlament" ist politisch naiv.)*
*4.* ***März 1849:***
*Der König von Preußen will nicht Kaiser durch die Hand von Volksvertretern werden. Große Ratlosigkeit herrscht.*
*5.* ***Die Fürsten schlagen zurück.***
*Bei der Verfolgung der angeblichen „Volksverhetzer" werden ca. 120 000 Menschen eingesperrt oder des Landes verwiesen.*

**Arbeitsblatt 53**
**Gruppe 4**

# Um Einheit und Freiheit

## Die 48er-Revolution 4

## *Hungersnot und Auswanderung*

Die Revolution von 1848 hatte nicht nur politische Ursachen, wie in den meisten Geschichtsbüchern behauptet. Vielen Menschen ging es wirtschaftlich so schlecht, dass sie ihrem Elend durch Auswanderung zu entkommen hofften.

„Brot oder Revolution! Das sei eure Losung, es ist eure letzte Hoffnung, das Einzige, worauf ihr bauen könnt. Was bleibt euch denn anders übrig? Seid ihr es nicht, die säen und arbeiten im Schweiße des Angesichts, damit andere, die nichts tun, ernten und schwelgen, während euch der Hunger die Knochen zerfetzt; ihr baut Paläste, damit der Lotterbube darin seiner schweinischen Geilheit frönt, ihr macht Schlösser für seine Goldkisten, damit er sein Wuchergeld darin verschließen kann; ihr macht glänzende Bettstellen und weiche Betten, damit eure Töchter seinem Hurengelüst darauf zum Opfer fallen, alles für ihn, nichts für euch als der Hunger der Gerichtsdiener, der euch aus euren verfaulten Strohlagern wirft und euch ins Schuldgefängnis wirft. Proletarier! Schüttelt eure schmutzigen, aber ehrlichen Lumpen, damit sie zittern, aus jedem Loch eurer zerrissenen Kleider blicke ein Dolch, aus jedem ungesättigten Munde zerschmettere sie ein Fluch, die Elenden, die zu schwelgen wagen, während das arme Volk kaum zusammen arbeiten kann, um trockenes Brot zu kauen.
Erhebt euch, ihr Armen überall, haltet zusammen, Einigkeit macht stark – stellt euch in Reih und Glied, der Stock ist eure Waffe, die Verzweiflung gibt Mut. Habt ihr denn nur Zähne, um zu heulen und sie zusammenzuschlagen vor Hunger? – Beißt – beißt damit ins Genick eurer Feinde! – Aus euren Lumpen macht Fahnen, ihre zerschmetterten Glieder sind eure Siegeszeichen. Euer Feldherr ist der Hunger. Euer Kommandowort Brot! – Man wird sie im Triumph empfangen, eure Armee, die Armee des Elends, der Verzweiflung, die Armee des Bluts und des Sieges! Proletarier, was bleibt euch übrig, was habt ihr zu verlieren? Ist es nicht besser, seinen Feind zu zerdrücken und auf seinem zuckenden Leichnam singend zu sterben, als vor Hunger und Elend zu krepieren wie ein Vieh; die Stunde der Entscheidung naht, denkt an Roms Proletarier, die ihre Tyrannen zerfleischten und den Völkern einst Gesetze vorschrieben, denkt an die deutschen Bauern, die einst jene Raubnester zerschmissen, wo der erbärmliche Schurke gewohnt, der einst sie geknechtet. Die Raubritter haben sich wieder erhoben, es sind die reichen Filze, die euch den Bettelpfennig vor die Tür werfen und euch verachten, es sind die Kornwucherer, die euch den Brotkorb so hoch hängen, damit eure Hände ihn nicht erreichen können, es sind die elenden, verfluchten Wollüstlinge, die in reichen Kleidern einhergehen, während ihr kein Hemd habt, eure Blöße zu decken, die mit Gütern schwelgen, an denen ihr ein heiliges Recht habt, denn die Natur hat alle Menschen gleich geschaffen, sie weiß nichts von Reich und Arm und jeder hat gleiches Recht an allem, was das ist. Helft euch selbst, wenn euch niemand helfen will, und wenn die erste Stunde schlägt, zeigt, dass ihr wert seid, euch zu retten und dem Hungertode zu entreißen, Proletarier! Brot – oder Revolution, drum seid Männer, bald schlägt die Stunde der Erlösung, denn kein Erbarmen, keine Furcht, vorwärts, das Recht, die Natur, Gott selbst ist mit euch!"

*(Obermann, Flugblätter der Revolution)*

▶

***Halber Lohn für Brot***

*Eine fünfköpfige Maurerfamilie in Berlin braucht 72,7% des zur Verfügung stehenden Geldes für Nahrungsmittel. Fast die Hälfte aller Kosten muss für Brot ausgegeben werden. Der Grund dafür ist einmal, dass Getreide im Vergleich zu anderen Nahrungsmitteln teuer ist. Zum anderen gehört das Brot zu den Grundnahrungsmitteln. Täglich isst jeder etwa zwei Pfund. Um ihre Ernährungssituation zu verbessern, unterhalten die meisten Städter kleine Gärten, in denen sie Gemüse und andere Pflanzen für den eigenen Bedarf ziehen können, außerdem halten sie Kleintiere. Wer selbst kein Stück Land hat, kann z.B. Kartoffeln bei einem Bauern anbauen. Als Gegenleistung wird Dünger aus der Kleintierhaltung geliefert oder bei der Landarbeit geholfen. Die Versorgung mit Nahrung ist aber nach wie vor sehr unstabil, es kommt häufig zu Hungersnöten.*

***Lebenshaltungskosten einer fünfköpfigen Maurerfamilie in Berlin um 1800***
*(in % des Einkommens)*

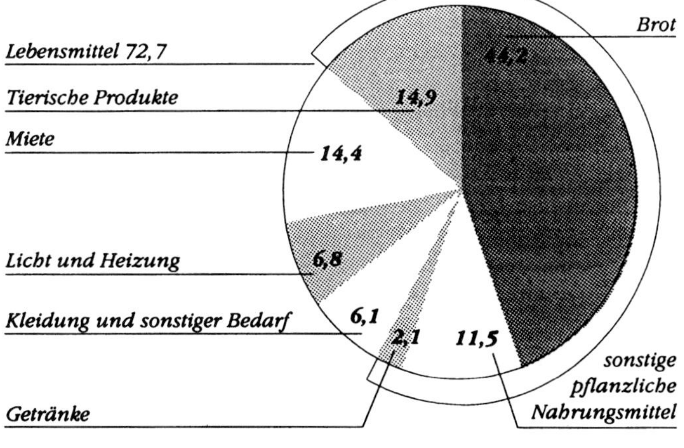

# Um Einheit und Freiheit

## Die 48er-Revolution 5

### *Der technische Fortschritt und seine „Opfer“*

Während die politische Entwicklung rückwärts gerichtet ist, weist der technische Fortschritt unaufhaltsam in die Zukunft. In der ersten Hälfte des Jahrhunderts beginnen Ozeandampfschiffe den Wettlauf mit den hochmastigen Schnellseglern und Klippern von einst. Zur Beschleunigung des Gütertransportes zu Lande erfindet Stephenson die erste betriebssichere Lokomotive (1825) und Europa überzieht sich in kurzer Zeit mit einem Netz eiserner Verkehrswege. Die Technik der beschleunigten Massentransporte bedeutet schnellere Anfahrt der Rohstoffgüter, die die wachsende Industrie verarbeitet, ermöglicht schnellere Abfahrt der Güter zu den Weltmärkten und ihren rascheren Umlauf, sichert die Versorgung der gewaltig ansteigenden Menschheit und der in die Industrie flutenden Arbeitermassen; denn neben dem Bürgerstand der Handel- und Gewerbetreibenden ist als „Vierter Stand“ die Industriearbeiterschaft zu einem Machtfaktor innerhalb der Gesellschaft geworden und fordert vernehmlich und nachdrücklich aus dem Erbe der Revolution seinen Anteil. Den zwei Wellen revolutionärer Erhebungen des Bürgertums im Juli 1830 und im Februar und März 1846 folgen im Mai und Juni 1848 die ersten organisierten Aufstände proletarischer Massen gegen das Besitzbürgertum, die nur die Macht der Bajonette niederwerfen kann. In dieser Zeit geben Karl Marx und Friedrich Engels der Arbeiterschaft im „Kommunistischen Manifest“ (1847) und in den revolutionären Schriften des Marxismus die Verheißung einer künftigen „Diktatur des Proletariats“.

*Ende der Postkutschenzeit*

*Der erste Europa-Amerika-Dampfer (1819)*

*Das Automobil – Fahrzeug der Zukunft*

▼ *Das Elend des Proletariats gibt das Bild „In einer Proletarierwohnung“ (Th. Hogemann) von 1852 wieder.*

▶ *Die Armut führte zu zahlreichen Protesten, die gewalttätig niedergeschlagen wurden. Hier der „Hungerkrawall“ von Stettin, 1847.*

# Leben im Elend

## Industrialisierung/soziale Frage 1

*Maschinenzeitalter und Industriestaat*

**1**

Jahrhundertelang hatten die Menschen in ihrer *vertrauten Umgebung* gelebt und Arbeiten verrichtet, zu denen sie neben Werkzeugen – und manchmal der Hilfe von Tieren – nur die *Kraft ihrer Hände und Füße* zum Arbeiten brauchten. So spannen die Frauen z.B. im Haus die Wolle, webten Stoffe, kochten Seife und fertigten Lichter aus Wachs. Männer, die nicht als Bauern arbeiteten, stellten als Handwerker auf Bestellung Waren her.

Auch in diesen frühen Zeiten waren sie nie ganz frei von Sorge und Not, aber der Mangel war überschaubar und die Großfamilien konnten sich leichter selbst helfen.

**2**

Nachdem der Engländer James Watt 1769 eine funktionstüchtige Dampfmaschine entwickelt hatte, begann der *Siegeszug der Maschinen*, die zunächst nur mit Wasserkraft oder Dampf, später auch durch Elektrizität oder Verbrennungsmotoren angetrieben wurden. Diese Maschinen arbeiteten beinahe unermüdlich. Mit ihrer Effektivität (Wirksamkeit) konnten Menschen nicht mithalten. Handwerk und Heimarbeit wurden immer unrentabler (wenig lohnend). So verließen viele ihren alten Lebensbereich und versuchten sich in Städten anzusiedeln. Hier hatten Unternehmer Handwerksbetriebe und Manufakturen zu *Fabriken* zusammengefasst oder erweitert.

*Mitte des 19. Jh. kam es überall in Deutschland zur Gründung kleinerer Fabriken zur Metallverarbeitung. In dem Gemälde von 1838 ist eine solche Eisenhütte dargestellt.*

# Leben im Elend

## Industrialisierung/soziale Frage 2

*Maschinenzeitalter und Industriestaat (Fortsetzung)*

*3*

Eine neue Völkerwanderung aus den landwirtschaftlichen Provinzen in die Industriegebiete des Rheinlands, Westfalens, Sachsens und Oberschlesiens setzt ein. Und die Städte dort wuchsen und wuchsen und wurden immer volkreicher. Wie Pilze schossen die Fabriken aus der Erde; eine wurde neben die andere gestellt. Kleine Werkstätten wurden zu großen Fabriken ausgebaut. Überall ratterten und lärmten die Maschinen und zwangen den Arbeiter in ihre Fron. Herr war die Maschine, angespannt und eingespannt der Mensch. Er hatte die Maschine geschaffen, nun war er ihr Sklave. Dafür aber schaffte die Maschine aus Rohstoffen wieder Maschinen, Ware, viel Ware und damit auch Geld und Kapital. Sie gab Brot und Verdienst, das sie vielen Handwerkern genommen hat, an anderer Stelle wieder. Viele Hände wirkten an einem Erzeugnis. Es herrschte also Arbeitsteilung; sie musste herrschen, so verlangte es die Maschine. Der Arbeiter konnte den fertigen Gegenstand nicht mit Stolz auf sein Werk betrachten wie der Handwerker und nicht dessen Arbeitsfreudigkeit haben. Es galt, von Tag zu Tag die Leistung zu steigern. Der Betrieb sollte Gewinn abwerfen.

**Die Arbeiterfamilien geraten in Elend und Not**.

Bald suchten mehr Menschen Arbeit, als die junge Industrie zu vergeben hatte. Um größeren Absatz zu erzielen, mussten die Waren möglichst billig hergestellt werden. Daher wurde der Lohn niedrig gehalten, und das bei einer langen Arbeitszeit. Auch Frauen und Kinder gingen in die Fabrik und verdrängten viele Männer von ihren Arbeitsplätzen. Für manche Tätigkeiten, wie das Zusammenknüpfen gerissener Fäden an den Spinn- und Webmaschinen, brauchte man keinen gelernten Arbeiter und weniger Körperkraft als geschickte Hände. Auch in Nadel-, Schnallen-, Tapeten-, Papier- und Porzellanfabriken, ja sogar in Bergwerken arbeiteten Frauen und Kinder. Über die Kinderarbeit in England berichtet der Sozialistenführer Friedrich Engels:

*„In den Kohlen- und Eisenbergwerken arbeiten Kinder von 4, 5, 6 Jahren; die meisten sind indes über 8 Jahre alt. Sie werden gebraucht, um das losgebrochene Material von der Bruchstelle nach dem Pferdeweg oder dem Hauptschacht zu transportieren und um die Zugtüren, welche die verschiedenen Abteilungen des Bergwerks trennen, bei der Passage von Arbeitern und Material zu öffnen und wieder zu schließen. Zur Beaufsichtigung dieser Türen werden meist die kleinsten Kinder gebraucht, die auf diese Weise 12 Stunden täglich im Dunkeln einsam in einem engen, meist feuchten Gange sitzen müssen ... Der Transport der Kohlen und des Eisensteins dagegen ist eine sehr harte Arbeit, da dieses Material in ziemlich großen Kufen ohne Räder über den holprigen Boden der Stollen fortgeschleift werden muss, oft über feuchten Lehm oder durch Wasser, oft steile Abhänge hinauf und durch Gänge, die zuweilen so eng sind, dass die Arbeiter auf Händen und Füßen kriechen müssen. Zu dieser anstrengenden Arbeit werden daher ältere Kinder und heranwachsende Mädchen genommen."*

Nach zehn- bis vierzehnstündiger Arbeitszeit, teilweise auch nach Nacht- und Sonntagsschichten, wartete auf die Kinder oft eine enge, dunkle Wohnung in einem der großen Mietshäuser. Viele Familien hatten nur einen einzigen Raum als Küche, Wohn- und Schlafzimmer zugleich.

*Kinderarbeit im Bergwerk (1840)*

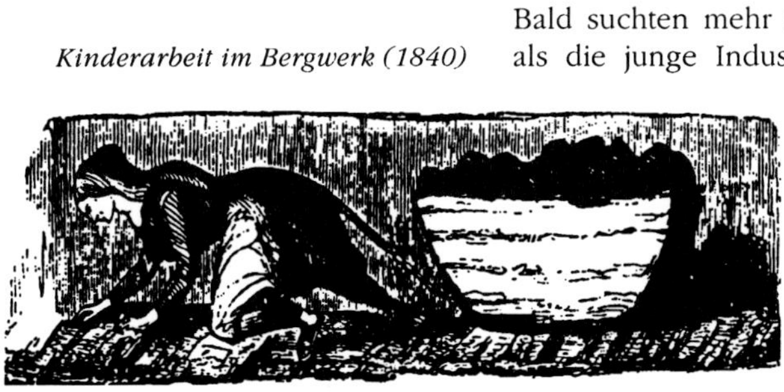

**Arbeitsblatt 57**

**Gruppe 5**

# Leben im Elend

## Industrialisierung/soziale Frage 3

Natürlich kann man auch einfach mal die Menschen von damals zu Worte kommen lassen. In dem schwedischen Geschichtsbuch „Historie-Boken“ aus dem Jahre 1970 wird das Thema der Geschichte der Arbeiter im 19. Jh. ganz unkonventionell angegangen.

- ***Lasst euch doch einmal zu ähnlichen Formen der Darstellung inspirieren.***

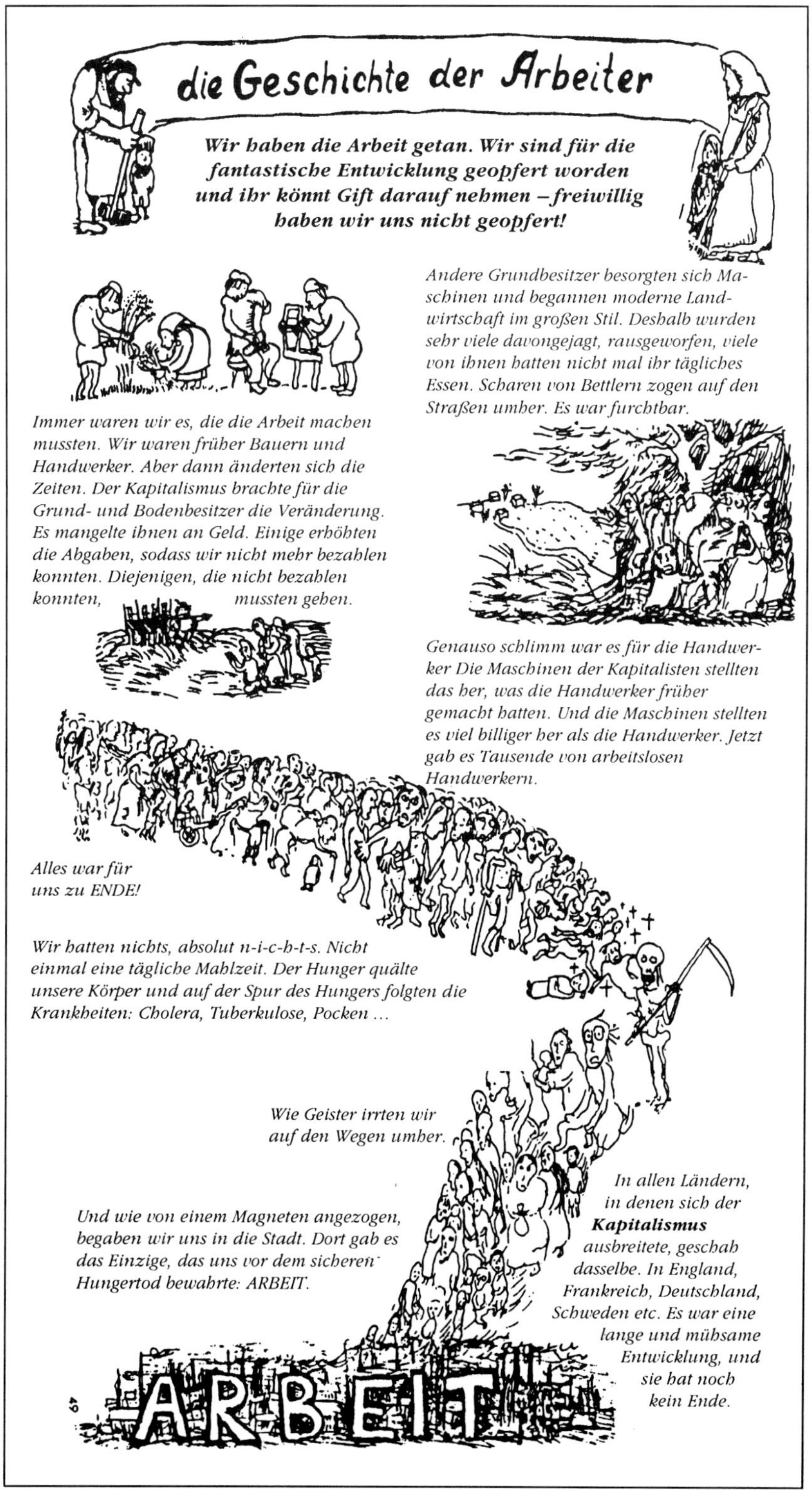

# Leben im Elend

## Industrialisierung/soziale Frage 4

### *Die „soziale Frage"*

Seit der Mitte des letzten Jahrhunderts spielt die sog. „soziale Frage" (Wie kann man den ausgebeuteten Arbeitern zu ihrem Recht verhelfen? Wie kann für Arme, Schwache und Kranke gesorgt werden?) eine große Rolle im gesellschaftlichen Denken.

Die Not der arbeitenden Menschen versuchten zunächst *Gewerkschaften* und *Arbeitervereine* zu lindern.
Sie wollten für die abhängig Arbeitenden keine Almosen (milde Gaben), sondern fest vereinbarte Rechte:

- feste *Arbeitsverträge* (mit Lohnabsprachen und Kündigungsschutz),
- Sicherung im Fall von *Arbeitsunfähigkeit* und vor allem
- politisches *Mitspracherecht*.

Die nebenstehende Abbildung aus einem deutschen Schulbuch versucht zu erklären, welche Antworten auf die soziale Frage gegeben wurden. (Wer Näheres wissen möchte, muss zu den angegebenen Namen und Begriffen im Lexikon nachschlagen!)

Alle sind nebeneinander angeordnet: Gewerkschafter und Kirchenmänner, Menschenfreunde und Regierende, Unternehmer und Sozialisten. Das kann (und soll?) zu falschen Schlüssen führen:

**Beispiel 1:**
*Christliche Nächstenliebe* (Hier gab es viel guten Willen zur Hilfe; aber häufig wurden nur die Folgen der Not gelindert, im Übrigen aber Stillhalten gepredigt.)

**Beispiel 2:**
*Bismarck* (Der deutsche Reichskanzler war einer der größten „Arbeiterfresser". Er ließ Arbeiterführer verhaften und ausweisen, die SPD verbieten und ihren Anhängern den Prozess machen. Seine Arbeitsschutzgesetze dienten der innenpolitischen Beschwichtigung.)

**Viele Menschen bemühten sich um eine Antwort**

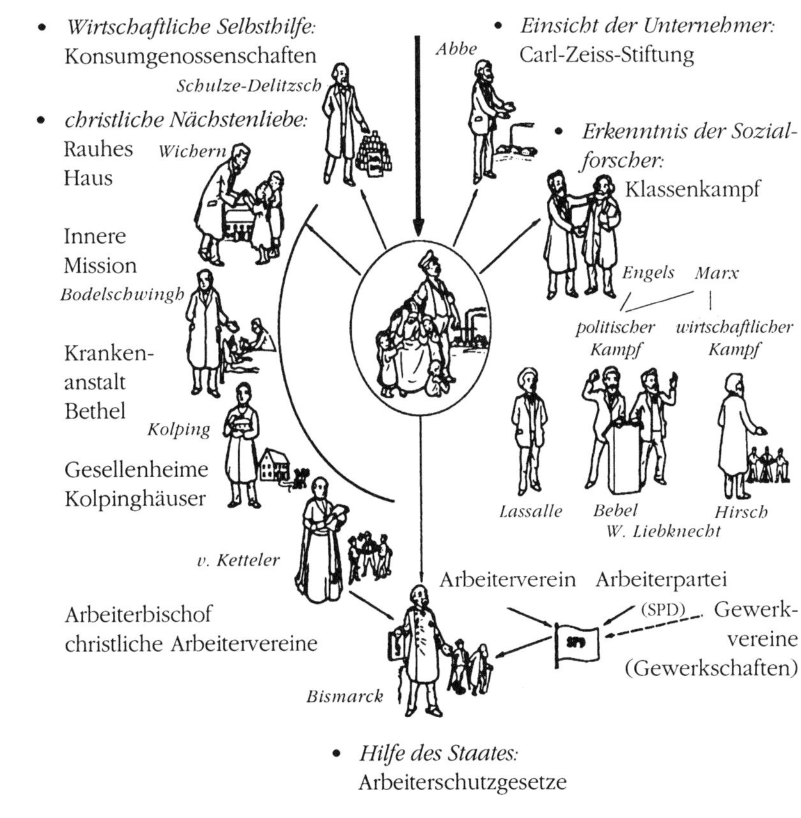

**Arbeitsblatt 59**
**Gruppe 6**

# Am deutschen Wesen ...

## Reichsgründung/Imperialismus 1

### *Reichsgründung 1871*

Nach dem Untergang des alten Kaiserreiches mussten die Menschen in Deutschland in *Kleinstaaten* leben, die sich nach außen gegeneinander abschlossen (oft sogar gegeneinander Krieg führten) und im Inneren *kaum bürgerliche Freiheiten* zuließen.

Wie die Nachbarvölker sehnten sich die Deutschen deshalb nach
- nationaler Einheit in einem großen Staat und nach
- demokratischer Freiheit.

1848 hatte es deshalb schon eine Revolution gegeben, die aber an der Naivität und politischen Unerfahrenheit der Demokraten scheiterte.
Knapp 23 Jahre später kam es nun zur Gründung des 2. Kaiserreiches durch den preußischen Politiker Bismarck (Preußenkönig Wilhelm wird Kaiser Wilhelm I.).
Die Feier veranstaltete man in Paris/Versailles, um die gerade frisch besiegten Franzosen zu demütigen. Das sollte noch böse Folgen haben.

- ***Lies nachstehend, wie der 1971 amtierende Bundespräsident die Reichsgründung beurteilt!***

---

*Fernseh-Ansprache zum 100. Jahrestag der Reichsgründung von 1871 von Bundespräsident Gustav Heinemann*

Gedenktage kommen ungerufen ...
Der 18. Januar 1871 gilt ... als der Geburtstag des Deutschen Reiches und damit des deutschen Nationalstaates. Für Generationen ist dieser Tag ein Höhepunkt ihres Geschichtsbewusstseins gewesen. Uns ist aber heute nicht nach einer Hundertjahrfeier zu Mute.
Preußen, die Vormacht und gestaltende Kraft jenes Vorganges von 1871, ist ausgelöscht. Berlin, die Hauptstadt des Deutschen Reiches, ist zerschnitten. Wesentliche Teile des Reichsgebietes von 1871 gehören nicht mehr zu uns ...
Bismarck als Schöpfer der Einheit mit Blut und Eisen – so wurde es uns gelehrt ... Wir müssen erkennen, dass dieses eine Vereinfachung ist ...
Bismarck erzwang 1871 den kleindeutschen fürstlichen Bundesstaat unter Ausschluss auch der Deutschen in Österreich ... *Aber Bismarck gehört nicht in die schwarzrotgoldene Ahnenreihe derer, die mit der Einheit des Volkes zugleich demokratische Freiheit wollten ...*
Als das deutsche Reich vor 100 Jahren in Versailles ausgerufen wurde, war keiner von den 1848ern zugegen, ja, Männer wie August Bebel und Wilhelm Liebknecht und andere Sozialdemokraten, die sich gegen den nationalistischen Übermut des Sieges über Frankreich geäußert hatten, saßen in Gefängnissen. Um den Kaiser standen in Versailles allein die Fürsten, die Generäle, die Hofbeamten, aber *keine* Volksvertreter.
Die Reichsgründung hatte die Verbindung von demokratischem und nationalem Wollen zerrissen. Sie hat das deutsche Nationalbewusstsein einseitig an die monarchisch-konservativen Kräfte gebunden, die in den Jahrzehnten vorher dem demokratischen Einheitswillen hartnäckig im Wege gestanden hatten.
Für unsere französischen Nachbarn war es eine tiefe Demütigung, dass unser Nationalstaat in ihrem Lande ausgerufen und ihnen zugleich Elsass-Lothringen weggenommen wurde.
Was 1871 erreicht wurde, war die *äußere Einheit ohne volle innere Freiheit* der Bürger. Die Staatsgewalt ging nicht vom Volke aus, sie lag bei den Fürsten.
Zwar wählte das Volk den Reichstag. Der Reichstag bestellte aber nicht die Regierung und hatte nur geringen Einfluss auf die Außen- und Militärpolitik.
Darum ist es kein Zufall, dass wir viele ... Kräfte in Opposition zum Bismarckreich sehen. Ich meine ... die Liberalen, ... den katholischen Bevölkerungsteil und (die) ... als „Reichsfeinde" und „vaterlandslose Gesellen" diffamierten Sozialdemokraten ...

---

*(Kölner Stadt-Anzeiger v. 18.1.1971)*

# Am deutschen Wesen ...

## Reichsgründung/Imperialismus 2

*Zeitaufnahme des Lebens im Jahr 1900*

Das wilhelminische Deutschland ist gekennzeichnet durch den Drang nach politischem und wirtschaftlichem Einfluss in der Welt, indem mit einer expansiven Außenpolitik, der Aufrüstung, der Errichtung einer Hochseeflotte eine imperialistische Weltmachtpolitik betrieben wird. Im Innern herrschen Hand in Hand Großagrarier und Großindustrielle, Bürokratie und Militär. Die Bevölkerung konzentriert sich zunehmend auf die großen Städte. In der neuen, kapitalistischen Massengesellschaft, die jedoch mit Adel und Militär als Führungselite selbstherrlich vom Kaiser regiert wird, verschärfen sich die sozialen Konflikte und die Arbeiterbewegung erzwingt allmählich politische und soziale Reformen. Die industrielle Revolution führt zu einer tief greifenden Umstrukturierung sämtlicher gesellschaftlicher Bereiche:

▼ *Verteilung von Land an Berliner Arme, nach W. Zehme, um 1890. Außerhalb der Stadt gab die Verwaltung an Bedürftige für ein Jahr eine bestimmte Fläche für Kartoffelland aus.*

**Bevölkerung**
Mit der Industrialisierung setzt eine extreme Bevölkerungsexplosion und die Abwanderung aus den ländlichen Gebieten ein. Deutschland hat 56,4 Mio. Einwohner, durchschnittlich 104 Menschen pro km2. Die Lebenserwartung liegt bei 40–50 Jahren.

**Sprache**
Zur Einführung einer einheitlichen Rechtschreibung setzen sich die Vertreter einer modernen Schreibweise durch. Zu den neuen Regeln gehören das t statt des th und das k statt des c.

**Soziale Ordnung**
Die Industrialisierung führt zur Massengesellschaft der Arbeiter und der neuen Schicht der Angestellten. Bestimmend ist die gesellschaftliche Elite des Adels und des Militärs sowie der Unternehmer, denen die große Menge der Besitzlosen gegenübersteht. Die 12 Mio. Haushalte verteilen sich wie folgt:

0,25 Millionen: Adel, Großgrundbesitzer, Unternehmer, höhere Beamte und Ärzte.
2,75 Millionen: mittlere Grundbesitzer, Beamte.
3,75 Millionen: Kleinbauern, Handwerker, untere Beamte.
5,25 Millionen: Lohnarbeiter, Katenbauern, Tagelöhner.

**Religion**
Papst Leo XIII. setzt sich für die Wiedervereinigung der Kirchen ein und regt die Bildung von Arbeitervereinen an. Die Vereine und christlichen Parteien beider Konfessionen sind in der sozialen Arbeit beschäftigt. Daneben existieren christliche Gewerkschaften.

**Recht**
Die industrielle Revolution schafft eine Fülle neuer Rechtsprobleme im zivilen Bereich. Das Arbeitsverhältnis wird, wenn auch nur in kleineren Produktionsbereichen, durch Tarifverträge geregelt. Das Bürgerliche Gesetzbuch, das Handelsgesetzbuch und novellierte Gewerbeordnungen sind in Kraft.

**Bildung**
Die Kritik an der Erstarrung des Schulbetriebs in den humanistischen Gymnasien führt zu zahlreichen neuen Schultypen mit experimentellen Lehrformen. Realschulen, die eine neuzeitliche Bildung vermitteln, sind den Gymnasien rechtlich gleichgestellt. Im Zuge der Reformpädagogik entstehen die Landerziehungsheime und eine neue Frauenbildung, getragen von den Frauenorganisationen. Mit den Arbeiterbildungsvereinen beginnt die Erwachsenenbildung.

**Arbeitstag**
Die industrielle Produktion verlängert auch den Arbeitstag, weil die Maschinen nur ganztägig rationell arbeiten. Die wöchentliche Arbeitszeit beträgt rund 60 Stunden, zu denen jedoch regelmäßig Überstunden kommen; häufig wird zwei Schichten hintereinander gearbeitet.

# Am deutschen Wesen ...

## Reichsgründung/Imperialismus 3

### *Zeitaufnahme des Lebens im Jahr 1900 (Fortsetzung)*

**Geld**
Seit 1873 hat sich Deutschland der Goldwährung angeschlossen. Die Geldmenge ist durch den staatlichen Goldbesitz gedeckt.
In Preußen sind 70 % der Bevölkerung von der Einkommenssteuer befreit, da ihr Jahreseinkommen unter 900 Mark liegt.

**Handel**
Durch eine bemerkenswerte Entwicklung steht Deutschland hinter den Vereinigten Staaten an zweiter Stelle der Produktion. Dank der reichhaltigen Kohle- und Mineralvorkommen und des guten Verkehrssystems ist die Eisen- und Stahlindustrie die mächtigste in Europa. Führend sind ebenfalls die feinmechanische, optisch-messtechnische und chemische Industrie. Der regionale Handel spezialisiert sich auf eine Fülle von besonderen Geschäften, wird aber gleichzeitig durch die neuen Großkaufhäuser wieder zusammengefasst.

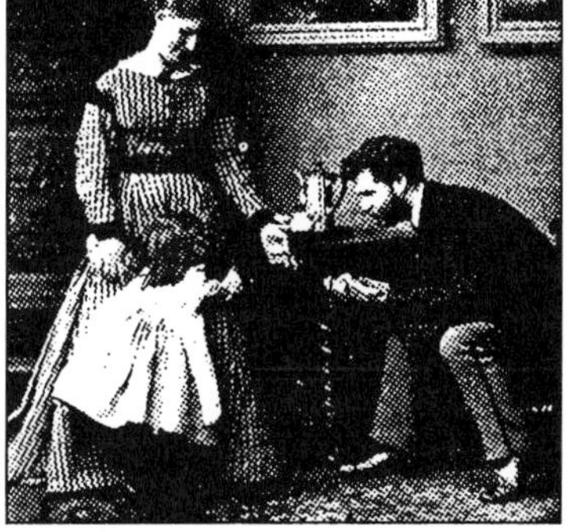

**Familie**
Die soziale Umwälzung der Industrialisierung zur Massengesellschaft verändert die Familien grundlegend. Nur dort, wo die maschinelle Produktion nicht zu großen Einfluss gewinnt, bleibt sie seit Jahren fast unverändert. Die Heimarbeiter und die Fabrikarbeiter bilden Produktionsfamilien, deren Tagesablauf ausschließlich von der Arbeit bestimmt wird. In Kreisen der Facharbeiter kommt es zur Annäherung an das bürgerliche Ideal, demzufolge die Frau ausschließlich im Haus arbeitet.

**Wohnen**
Das rasante Anwachsen der Städte – Berlin hat rund zwei Millionen Einwohner – führt zu einem enormen Wohnungselend in Massenquartieren und Mietskasernen. Die kleinen Anderthalb- bis Zweizimmerwohnungen sind überfüllt mit Menschen, die zu verschiedenen Schichten arbeiten und so das gleiche Bett benutzen können. Typisch für eine besser gestellte Familie ist eine Fünfzimmerwohnung mit zwei Schlafzimmern, einem Ess- und Wohnraum, einer guten Stube und einem kleinen Zimmer für den Hausherrn.

**Haushaltsgeräte**
Der Anfangshaushalt einer Arbeiterfamilie beschränkt sich meist auf ein Bett, mehrere Sitzgelegenheiten, ein bis zwei Tische und einen Schrank. Küchenzubehör fehlt häufig ganz und wird auch später nur sparsam angeschafft.
In den Wohnungen der wohlhabenden Bürger herrscht ein mit Luxus ausgestattetes Durcheinander verschiedener Stile. Die schweren, verschnörkelten Möbel werden nur allmählich durch neue Stilrichtungen mit geraden, zweckmäßigen Formen abgelöst.

**Essen und Trinken**
Die Industriegesellschaft prägt auch die Essgewohnheiten mit dem Zwang zur Rationalisierung und dem Verfall von Traditionen.
Die Mahlzeiten müssen, weil es kaum Kantinen gibt, im Fabrikraum eilig eingenommen werden. Hauptnahrungsmittel sind Kartoffeln, Kohl- und Mohrrüben, Buttermilch und besonders Heringe.

**Kleidung**
Die Herrenkleidung ist in ihren Grundzügen festgelegt: Über Hose und weißem Hemd wird ein Gehrock, Jackett oder Sakko getragen, dazu kommt der Zylinder. Die Damen tragen eng geschnittene Kleider, die an der Hüfte gerafft sind. Zur Fabrikkleidung gehören Weste, Leinwandkittel und Mütze sowie meist Holzpantoffeln.

▲ *Apotheke um 1900*

**Hygiene**
Einer der wichtigsten Fortschritte der Hygiene ist die Entdeckung zahlreicher krankheitserregender Mikroorganismen, die durch Impfungen bekämpft werden können.

**Feste und Unterhaltung**
Neben den bürgerlichen Geselligkeiten wie Kindergeburtstag, Damenkränzchen, Hausmusik, Kartenrunde und Hausball entwickelt sich ein ausgeprägtes Vereinsleben der Turn-, Gesangs-, Krieger- und Fußballvereine. In den großen Städten existieren Arbeitervereine und eine Vorliebe für Theater, Zirkus, Kunsthallen und Museen.

**Reisen**
Die Mobilität hat sowohl zwischenstaatlich als auch innerhalb der Städte stark zugenommen. Insbesondere die Wasserstraßen und das Eisenbahnnetz (50 000 km) sind stark ausgebaut, aber auch das städtische Verkehrsnetz.

# Am deutschen Wesen ...

## Reichsgründung/Imperialismus 4

*„Gottes auserwähltes Volk“*

Die stürmische *Entwicklung der Industrie*, das durch hygienische und *medizinische Fortschritte* bedingte sprunghafte Anwachsen der Bevölkerung – in Europa vermehrte sie sich zwischen 1800 und 1904 von 175 auf 460 Millionen – ein *übersteigerter Nationalismus*, erhöhtes *Macht- und Prestigedenken* sowie ein missionarisches *Sendungsbewusstsein* kennzeichneten die Epoche des Imperialismus, das Bestreben, den eigenen Machtbereich über die nationalen Grenzen hinauszutragen und neue Großmachträume zu schaffen, sei es durch die Gewinnung von Kolonien oder durch die Angliederung benachbarter Territorien.

In den Siebzigerjahren des 19. Jahrhunderts setzte ein verstärkter Wettlauf um die noch „freien“ Gebiete der Erde ein. *Die aufstrebende Industrie suchte nach sicheren Rohstoffquellen und Absatzmärkten.* Nur ein gesicherter Export der eigenen industriellen Produktion, ein Überschuss im Außenhandel, ermöglichte die notwendige Einfuhr zur Ernährung der ständig anwachsenden Bevölkerung und damit den Bestand eines eigenen mächtigen Staates.

In England, dem Ausgangspunkt des Imperialismus, verlangte man nach einem weltumspannenden „Greater Britain“ und propagierte die Kulturmission des Angelsachsentums. „Ich behaupte, dass wir die erste Rasse der Welt sind und dass es umso besser für die Menschheit ist, je mehr wir von der Welt bewohnen“, erklärte der englische Kolonialpionier Cecil Rhodes. Frankreichs Imperialisten wollten die Zivilisation der „grande nation“ über die Meere in Gebiete tragen, „die gestern noch barbarisch waren“. Italienische Imperialisten fühlten sich als Erben des römischen Imperiums und forderten die Herrschaft über das Mittelmeer, das „mare nostro“. Großrussland beanspruchte die Führerstelle über alle Slawen.

In Deutschland glaubten viele an Geibels Wort: „Und es mag am deutschen Wesen einmal noch die Welt genesen.“ Amerikanische Imperialisten fühlten sich als „Gottes auserwähltes Volk“: An uns ist es, Land für die Freiheit und die Zivilisation zu retten.“ Und auch Japan rechtfertigte seinen Expansionsdrang mit dem Anspruch, ein auserwähltes Volk zu sein. Über die Praxis des auf diese Weise motivierten Imperialismus, den Kampf um neue Gebiete und Einflusssphären, über die Errungenschaften der europäischen Zivilisation zwischen 1871 und 1898 schrieb der Engländer W. S. Blunt:

„Das alte Jahrhundert neigt sich dem Ende zu und lässt die Welt in einer netten Lage zurück. Das britische Empire spielt dabei die Rolle des Teufels wie kein Weltreich zuvor. Vielleicht werden wir seinen Sturz erleben. Alle Nationen Europas lassen auf Erden in China die Hölle los, massakrieren, plündern und schänden in den eroberten Städten ebenso abscheulich wie im Mittelalter. Der deutsche Kaiser gibt den Befehl zur Metzelei und der Papst sieht zu und erklärt seine Zustimmung. In Südafrika brennen unsere Truppen unter Kitcheners Befehl die Farmen nieder und die Königin, die beiden Häuser des Parlaments und die versammelten Bischöfe danken öffentlich Gott und bewilligen das Geld für dieses Werk. Die Amerikaner geben jährlich fünfzig Millionen für das Abschlachten der Philippinos aus. Der König von Belgien hat sein ganzes Vermögen im Kongo investiert, wo er die Neger brutal ausbeutet, damit sie seine Taschen füllen. Die Franzosen und Italiener spielen im Augenblick keine so hervorragende Rolle bei dieser Schlächterei, aber ihre Untätigkeit macht ihnen Kummer. Die ganze weiße Rasse schwelgt ganz offen in Gewalttätigkeit, als habe sie niemals den Anspruch erhoben, christlich zu sein. Gottes Fluch auf sie alle gleichermaßen!“

# Am deutschen Wesen ...

## Reichsgründung/Imperialismus 5

### *Das Zeitalter des Imperialismus*

Während des 19. Jahrhunderts bis ins 20. hinein strebten die Großmächte danach, möglichst große Gebiete der noch „herrenlosen Kontinente" an sich zu nehmen. *Heute wissen wir, dass im Zeitalter des Imperialismus der Zündstoff zur Zerstörung Europas durch die beiden Weltkriege gelegt wurde.* Der Kampf um die Kolonien in Übersee verschärfte die Gegensätze zwischen den europäischen Mächten. Um in diesem Ringen bestehen zu können, glaubte jede Nation ein starkes Heer und eine schlagkräftige Flotte besitzen zu müssen. Das „Hineinschliddern" in den 1. Weltkrieg begann.

Gleichzeitig erwachte aber auch in den beherrschten Stämmen und Völkern der Widerstand gegen die Politik der „weißen Herren". Aufstände und Kolonialkriege begleiten den Vorgang, der von engstirnigen Europäern gern „Kultivierung primitiver Völker" genannt wurde. Von den Europäern zunächst wenig beachtet, wuchsen gegen Ende des 19. Jahrhunderts die USA und Japan zu Industriegroßmächten heran. Die Vormachtstellung der Europäer begann damit zu wanken.

Heute, nachdem alle Kolonialreiche zusammengebrochen sind oder zusammenbrechen, wissen wir, dass der Imperialismus dazu beitrug, die Völker untereinander zu verfeinden; er hat tiefen Hass zwischen den Weißen und den Farbigen hervorgerufen. Es wird noch lange dauern, bis die Folgen dieser Epoche überwunden sind.

▶

*1. Gold in Australien*
*2. Herrschaft über die Bevölkerung*
*3. Ausbeutung der Kolonien*
*4. Englische Herrschaft über Indien*
*5. Amerika erzwingt die Öffnung japanischer Häfen*
*6. Missionierung (Bildung und Religion)*
*7. Eroberung des chinesischen Marktes*

# KREATIV DURCH DIE ZEITEN ...

## ANREGUNGEN ZUR WEITERARBEIT

# Anregungen zur Weiterarbeit

## *Geschichte und Gemeinschaftskunde ohne Langeweile*
**oder**
**Spielerische Methoden als Motivationsmotor für den Lernerfolg**

*„Ach je, schon wieder Geschi!"*
Das darf doch einfach nicht wahr sein, dass dieselben Schüler, die zu Hause mit Ritterburgen spielen, alte Autos sammeln, Hütten im Wald bauen, Kinder, die sich stundenlang auf knifflige Spiele konzentrieren, mit Geduld Briefmarken sortieren, die gern Ritterfilme sehen und auf dem Schulhof Reiterkämpfchen huckepack austragen, dass dieselben Jugendlichen genau in jenem Augenblick von einer eigentümlichen Lähmung angefallen werden, wenn der Geschichts-, Politik- oder Gesellschaftskundelehrer den Raum betritt.
Wie im Märchen sinkt alles in einen unruhigen, fünfundvierzigminütigen Schlaf, aus dem sie nur ein kräftiger Anschnauzer zu relativem Leben erwecken kann.
Das kann mir doch keiner erzählen, dass Geschichte nun mal eben kein „affiner" (nahe liegend-angenommener), sondern ein „diffuger" (vom Interesse wegführend-abgelehnter) Lernstoff sei (Waltraud Küppers, Psychologie des Geschichtsunterrichts), der Schüler notgedrungen durch seine Realitätsferne langweilen müsse!
Wieso ist denn Bruchrechnung spannender? Was fasziniert so viel mehr am Ausfüllen von Wirtschaftskarten und Klimadiagrammen? Wo weht aus physikalischen Formeln denn das heiße Leben? Es muss erlaubt sein zu fragen, ob nicht vielleicht erst die Verknüpfung von didaktischer Analyse mit einer methodischen Paralyse so geisttötend wirkt: jene öde Abfolge immer gleicher methodischer Einerlei-Einfälle, die Schüler mit intakten Reflexen zwangsläufig zum Gähnen bringt.

*Kostprobe vom Schulfrust live:*
Lehrer kommt rein, schafft Ruhe, Buch Seite 137, „Die Wahrnehmung eigener Interessen im soziogeographischen Umfeld als staatsbürgerliche Aufgabe"; Gerd liest zwei Analyseaufgaben vor, die sich mit den Aufgaben der städtischen Bezirksverwaltungen befassen; Unterpunkt: Sozialarbeit im Stadtteil, Unterunterpunkt: Jugendzentren, zwei Merksätze ins Heft, morgen sind die Altenheime dran ... phfphf ...
Wer das tagein, tagaus aushalten will, muss schon mit großer Nervenstärke und einem Schuss natürlichen Phlegmas begnadet sein. Ein anderer geläufiger „Spitzen"-Einfall: Einsatz einer zeitgenössischen Quelle aus dem neu angeschafften dreibändigen Quellenwerk! Nichts gegen die Verwendung von historischen Quellen, aber manchem Dokument hat man alle „Zähne gezogen": Völlig entschärft und geglättet ist es jeder Ausstrahlung beraubt; zudem hat sich niemand die Quelle gewünscht oder die Notwendigkeit ihrer Bearbeitung eingesehen. Dann ist's auch noch Mittag, die vorletzte Stunde, und viele Schüler fühlen, was Günter laut sagt: „Geschichte, würg, würg ...!"
*„Da haben wir mit dem Hammer drauflosgekloppt ..."*
Kann sein, dass es methodisch bessere Einfälle gibt als unsere Verzweiflungstat, mit der wir als Referendare versuchten, den routinierten Buchunterricht zu boykottieren:
In der 5b ließen wir den betulichen Text Werkzeugherstellung in der Bronzezeit außen vor, gossen über einem Spirituswürfel geschmolzenes Blei in eine grobe, selbst gemachte Tonform, fassten den Rohling mit der Zange und ließen zwei Schüler „Waffenschmied" spielen. Ein alter Schusterdreifuß, Hammer und Zange waren die einzigen sonst noch mitgebrachten Utensilien.
Eine simple Klinge schmieden ... einfach sah es aus und war selbst mit dem atypischen, butterweichen Material so überraschend schwer!
Als Knäuel von Schülern ums Pult drängten und staunten, auch überlegten, fachsimpelten, Ratschläge erwogen und wieder verwarfen, erschien Frau Lohrmeier von der Nachbarklasse und beanstandete die Unruhe. (Ruhe = Effizienz, da war der Fehlschluss wieder offenkundig!). Wider Erwarten wurde sie weniger beachtet als gleich darauf die Schaubilder und Texte im Geschichtsbuch, die nun als willkommene, erwünschte Erläuterungen aufmerksam nachgelesen wurden.
Es gibt auch die Erinnerung an meinen Volksschullehrer, der mit seinen plastischen, gestenreichen Erzählungen die Schüler über lange Phasen völlig in den Bann der Historie schlagen konnte. Sein Hauptanliegen war sicher, ein facettenreiches Interesse an einer farbigen Vergangenheit mit ihren typischen, exemplarischen Situationen zu schaffen. Eine fortdauernde Primärmotivation verankern – das ist schon etwas anderes, als sich von Plänen, überfrachteten Curricula und einer akademisch-peniblen Wissenschaftlichkeit hetzen zu lassen; und sinken nicht die abstrakten Früchte solcher Arbeit häufig schon nach dem nächsten Test aus dem Kurzzeitgedächtnis ins „schwarze Loch des Vergessens"?
Damit keine Missverständnisse aufkommen: Geschichte zum „Anfassen" will lediglich die Anschaulichkeit nicht verlieren, sie soll zum Forschen reizen, dem Spiel offen stehen! Deshalb braucht sie noch lange nicht hausbacken, „volkstümelnd" und sagenschwer dahinzuwabbern und schon gar nicht bleibt eine Beschäftigung nach wissenschaftlichen Methoden ausgeschlossen.
*Richtig, aber langweilig – das nützt nichts!*
„Asterix in Rom" kann nicht die Römerzeit sachlich zutreffend erschließen, aber Interesse wecken schon: ein Stegreifspiel über die „missi dominici" (Kontrollboten des fränkischen Königs) deckt nicht alle Sachinformationen über das frühe Mittelalter ab, zieht aber eine Reihe von produktiven Fragen und Erklärungsnotwendigkeiten nach sich.

# Anregungen zur Weiterarbeit

## Fortsetzung

Spielerische Methoden helfen motivieren, historische Situationen werden exemplarisch komprimiert und auf der richtigen Verständnisebene dargeboten. Spiel im Geschichtsunterricht fordert eine offene, spielwillige Haltung, nicht so sehr optimalen Aufwand und unbedingte Detailtreue. Beim Anspielen der Ritterschlagszene, beim „Bauern-Schinden", bei Luthers Auftritt vor dem Reichstag – da tun es beim Klassenspiel auch alte Gardinen, Papierhüte oder ein linksgewendeter Bademantel als Kostüm.
Wer's denn präziser wünscht, wird aus dem Tribunal „Der Prozess Luther" (siehe unten) oder von der Interessengruppe „Kleidung im Mittelalter" Genaueres hören. Schüler können – wenn es sie interessiert – eine überraschend große Lust am exakten Detail entwickeln, unermüdlich arbeiten und ihre Unterweiser oft kenntnisreich verblüffen.
Die Reformpädagogen der Vorkriegszeit sind mit ihrem methodischen Denken auch (oder: erst recht nicht?) von den wissenschaftlichen Verfahren der Unterrichtsplanung überholt oder etwa ad absurdum geführt worden.
Ihre historischen Längsschnitte („Von der Wohnhöhle zum Wolkenkratzer"), ihre Vorhaben („Wir erkunden Burg Altena"), ihre lebensnahe, exemplarische Instruktion und vor allem die hochaktuelle Projektmethode bieten eine bunte Fülle von Spiel- und Arbeitsmöglichkeiten. Wer innerhalb eines Projektes zum Beispiel die Lage der Bauern schildern will, muss selbstverständlich allerlei Primär- und Sekundärliteratur dazu lesen und verarbeiten, zahlreiche Bilder anschauen, Erkundigungen einziehen und die gesammelten Informationen sachkundig verwerten. Ist es nicht nahe liegend, dass die lustvollere und selbst bestimmtere Arbeitsweise neben anderen Vorzügen auch noch eine gute Chance hat, die effektivere zu sein?
Spiel im Geschichtsunterricht soll also nicht nur freundliche Garnitur über dem trockenen Lernkuchen sein, nicht nur Verstärkungs-Chip für geduldig ertragenen Lektionsstumpfsinn, sondern eigenständige und Erfolg versprechende methodische Alternative.

*Beispieltabelle der spielerischen Arbeits- und Darstellungsformen*
Es ist schon merkwürdig, dass man zur Vertreibung der unterrichtlichen Ödnis nicht auf tolle Neueinfälle größeren Stils angewiesen ist. Etablierte Spiel- und Arbeitsformen – unter anderem auch angewandt im Deutschunterricht – können erinnert und verstärkt eingesetzt werden.
Dabei unterscheidet die nachstehende Matrix nach Formen, die stärker spielorientiert oder inhalts- und problemlösungsbezogen oder eher theatralischer Art sind. Es wird davon ausgegangen, dass dem einführenden Anbieten und Bekanntmachen der verschiedenen Formen später die erwachsenere, selbstständige Auswahl der methodischen Mittel durch die Schüler selbst folgt.
Auf einzelne Spieltypen, ihre Vorzüge und Probleme wird hier nicht näher eingegangen; soweit ihre Ziele und Methoden nicht allgemein bekannt sind, finden sich Möglichkeiten zur detaillierten Information im Literaturverzeichnis angeführt.
Die beispielhaften historischen Inhalte/Epochen sind natürlich völlig willkürlich gewählt und durch beliebige andere ersetzbar. Man soll nur sehen: Es geht!

*Was alles machbar ist ...*
*oder: Griff in die Ideenkiste*
*und drei Voraussetzungen*
Die aufgelisteten Anregungen – hier alle als Beispiel zum Mittelalter – sind verknüpfbar mit drei Voraussetzungen, ohne deren Beachtung sie ihr Flair schnell einbüßen würden:
1. Schüler sollen Themen selbst wählen und mit eigenen Interessen sinnvoll verknüpfen dürfen;
2. Spiel und Spaß als Motivationsbrennstoff sind von hoher Bedeutung; das dient den fachspezifischen Lernzielen und schließt die Orientierung an historischer Realität (Quellen, wissenschaftliche Darstellungen) ein.
3. Lehrer/Erzieher/Gruppenleiter fungieren wie die wissenschaftlichen Berater und Produktionsassistenten bei Theater- und Filmprojekten: Sie helfen Quellen finden, beurteilen die historische Relevanz von Zitaten, Bildern, Spielformen und so weiter, reden dem jugendlichen „Macher" aber nicht fortwährend rein!

---

Alle in diesem Band gemachten Vorschläge stehen exemplarisch für Hunderte von inhaltlichen und methodischen Alternativen.
Immer gilt wie gesagt: *Richtig, aber langweilig – das nützt nichts!*

Der an dürren kognitiven Fakten klebende Geschichtsunterricht tötet jene Fragehaltung und Lernbereitschaft, die eigentlich die Voraussetzung für jedes forschende Interesse sein sollte.

Wo sich Schüler von dem Blick in die Vergangenheit gähnend abwenden, wird das Terrain für Geschichtsfälscher und Demagogen bereitet. Dafür gibt es eindringliche historische Beispiele.

Das soll nicht heißen, dass differenzierte Beurteilungen nicht den sachlich richtigen Informationen folgen müssen. Aber *zunächst soll immer der Recht haben, der Jugendliche zur engagierten Beschäftigung mit der Historie animieren kann.*

Also:
Wie lebte Karl der Große mit seinen Nebenfrauen?
Wie viele Menschen schliefen um 1900 in einem Unterschichts-Bett?
Warum fälschte die Kirche massenhaft Urkunden?
Wer hat die heilkundigen Frauen aus dem „Amt" gejagt und als Hexen diskriminiert?

# Zeichen- und Malaufgaben

## *Kulturhistorische Längsschnitte*

(auch als Gemeinschaftsarbeit)
Z.B. mit Text und Illustrationen zur Entwicklung von: Wohnung, Kleidung, Bildung, Arbeit, Fortbewegung, Medizin- und Sozialwesen, Kirchengeschichte usw. Siehe Beispiele zu Wohnen und Kleidung in dieser Einheit.

## *Visualisierungen*

von historischen Fakten, Biografien, Verfassungselementen, Zahlen usw.

***Beispiele (Folienvorlagen):***
- ***Aufstieg und Untergang Napoleons (S. 79)***
- ***Der „aufgeklärte Absolutismus" (S. 80)***

## *Großflächige Kopien*

(via Raster oder OHP-Folie) historischer Bilder, grafischer Blätter, Billetts, Vignetten, Schriften usw.

## *Zeichnungen*

zur Architektur- oder Designgeschichte.

***Beispiele (Folienvorlagen):***
- ***Der Baustil der Renaissance (S. 81)***
- ***Der Baustil des Barock (S. 82)***

## *Entwürfe*

für historische Kostüme zeichnen.

## *Karikieren*

(auch: nachzeichnen oder interpretieren) historischer Ereignisse.

***Beispiel (Folienvorlage):***
- ***Karikaturen (S. 83)***

## *Frottage*

(Durchrieb) von alten Münzen, Grabplatten usw.

## *Wappen*

für sich selbst, die Schule, den Verein entwerfen und dabei die heraldischen Grundregeln beachten.

## *Riesen-Fries*

für 30 x 1 Zeichenblockblatt DIN A3 als Flurdekoration. Zur Integration von Arbeiten aller Schüler einer Klasse; übertragbar für jede Epoche und Schülerzahl. Z.B.: zur Geschichte der Entdeckungen, zum Verlauf der Reformation, zur Reichsgründung mit ihrer gesamteuropäischen Vorgeschichte, zur Industrialisierung bzw. sozialen Frage, usw.

***Beispiel (Folienvorlage):***
- ***Geschichte der Entdeckungen (S. 84)***

# Aufstieg und Untergang Napoleons

## Zeichen- und Malaufgaben – Beispiel

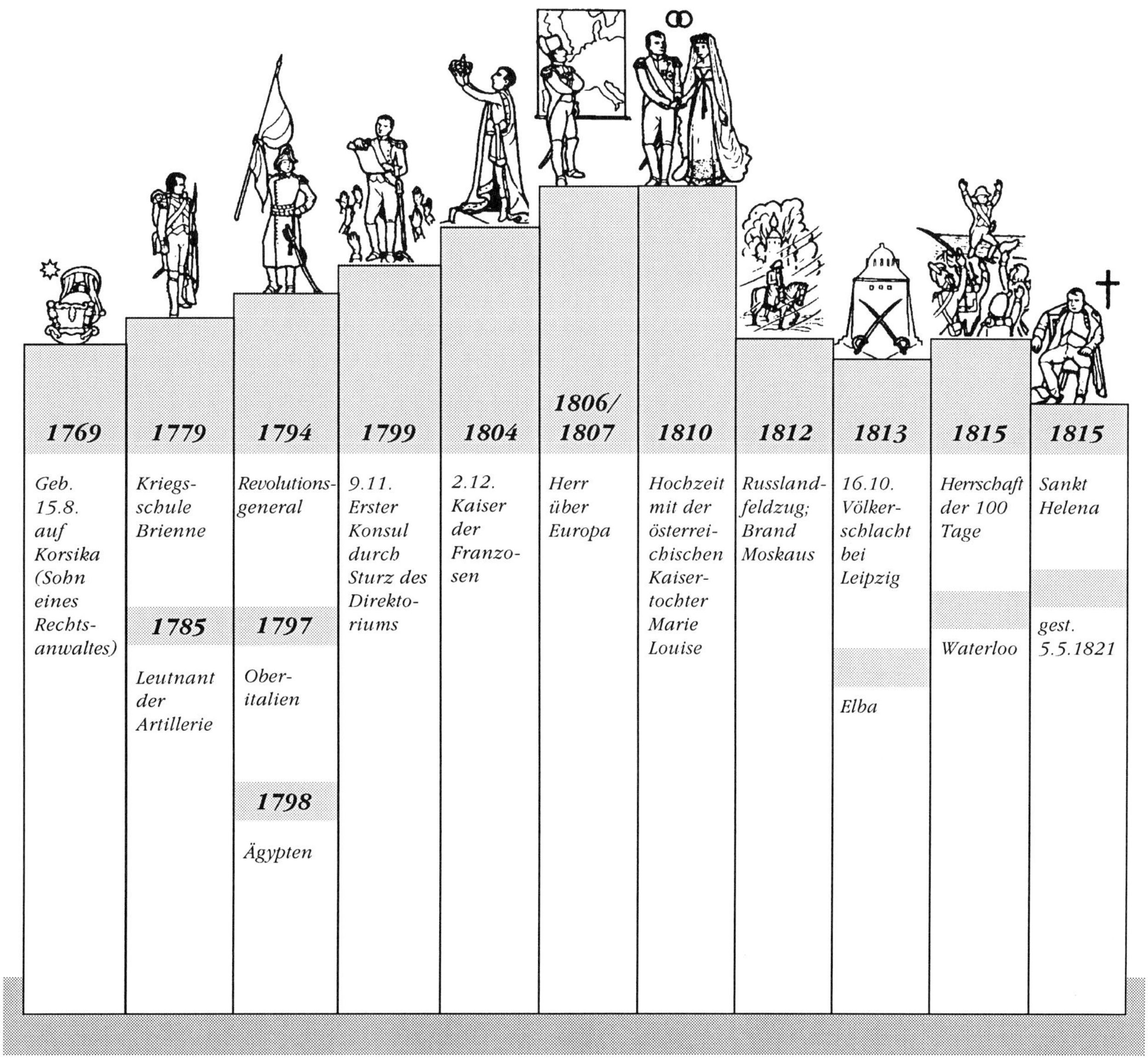

# Der „aufgeklärte Absolutismus"

## Zeichen- und Malaufgaben – Beispiel

In der Zeit Friedrichs des Großen wirkten die „Aufklärer". Sie sagten: „Der Verstand ist das Wichtigste beim Menschen. Alles in der Welt sollte vom Verstand regiert werden. Denn der Mensch ist das Maß aller Dinge."
Friedrich der Große regierte in der Form des *„aufgeklärten Absolutismus"*. Seine Grundsätze:

*„Ich bin der erste Diener meines Staates."*

*„Alles für das Volk, nichts durch das Volk."*

Darum tat er auch viel für sein Volk.

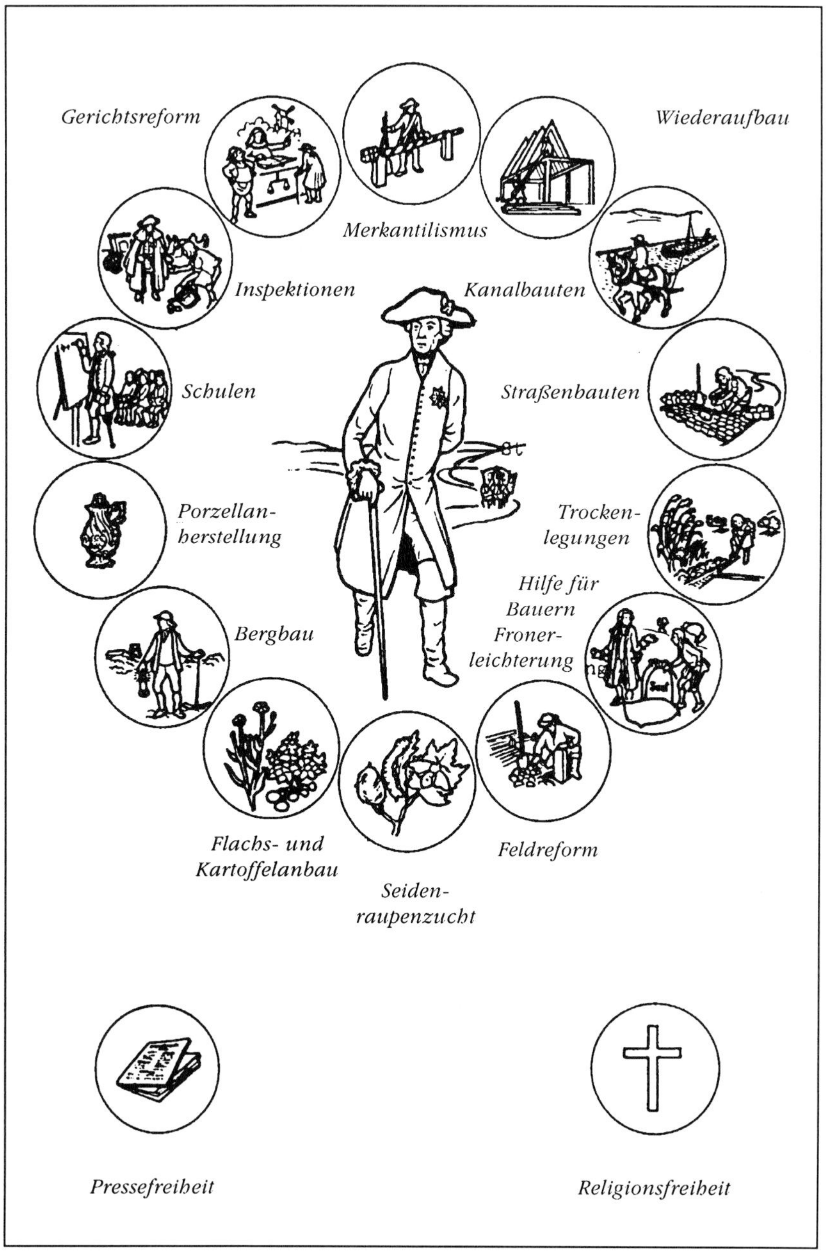

# Der Baustil der Renaissance

## Zeichen- und Malaufgaben – Beispiel

- ***Suche in deinem Heimatort Kirchen, Schlösser und Bürgerhäuser, die im Baustil der Re-naissance errichtet sind. Schreibe auf und zeichne!***

*Das Heidelberger Schloss (1550 begonnen, um 1690 zerstört)*

*Rathaus zu Augsburg (um 1630)*

*Barbarossa-Pfalz zu Gelnhausen (um 1190)*

*Renaissance*

*Renaissance-Fassade (Ausschnitt)*

*Grundriss eines Renaissance-Palastes*

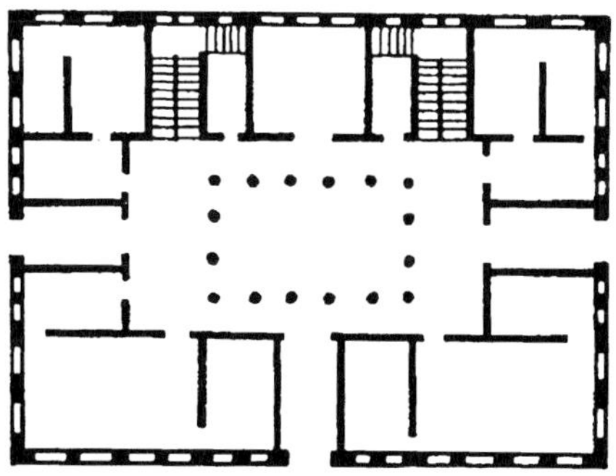

*Italienischer Renaissance-Palast*

# Der Baustil des Barock
## Zeichen- und Malaufgaben – Beispiel

- ***Suche in deinem Heimatort Kirchen, Schlösser und Bürgerhäuser, die im Baustil des Barock errichtet sind. Schreibe auf und zeichne!***

*Der Kölner Dom*

*Die Marienburg (1274 begonnen)*

*Das Brandenburger Tor zu Berlin (1788–1791)*

*Barock*

*Barock-Fassade (Ausschnitt)*

*Grundriss einer Barock-Kirche*

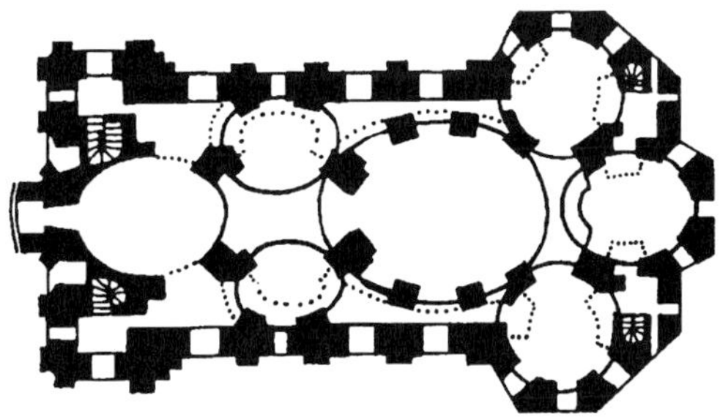

*Barock-Giebel eines Bürgerhauses und Westwerk (Ausschnitt) einer Barock-Kirche*

# Karikaturen

## Zeichen- und Malaufgaben – Beispiel

▶

*1. Fabrik oder Zuchthaus: die beiden Alternativen, die die herrschende Klasse dem Arbeiter bietet. Mit bitterem Humor illustrierte Th. Th. Heine 1898 die „Lösung der sozialen Frage“.*

*2. Den Weg zur nationalen Einheit vergleicht diese Karikatur mit dem Lichten eines Hochwaldes. Schlagbäume, Grenzpfähle, Fürstenkronen und andere Symbole feudalistischer Macht gilt es für den Bürger in dieser Karikatur „abzuholzen“.*

*3. Der so genannte „Kulturkampf“ zwischen Reichskanzler und Kirche als Schachspiel. „Kladderadatsch“ Karikatur aus dem Jahre 1875. Wer Sieger bleibt, lässt sich an den Gesichtern der Spieler ablesen.*

*4. In der französischen Karikatur aus dem Jahre 1885 sieht man Bismarck, der einer „Eingeborenen“ Granaten statt Kokosnüsse andreht. Ein Beitrag zu den Kolonisationsbestrebungen jener Zeit, der nicht ganz ins Schwarze trifft. Gerade Bismarck stand deutschen Bestrebungen in diese Richtung äußerst skeptisch gegenüber.*

*5. „Der Denkerclub“: eine ironische Darstellung zum Thema Meinungsfreiheit.*

*6. „Der Mann des Jahrhunderts“. Eine holländische Karikatur des Typus des raffgierigen und ausbeuterischen Unternehmers.*

1

4

2

5

3

6

# Geschichte der Entdeckungen

## Zeichen- und Malaufgaben – Beispiel

***1910*** – *1903* ***Wright:*** *Motorflug* – ***1910***

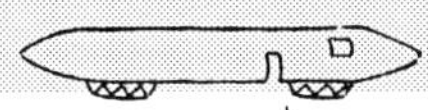

***1900***
*1900* ***Zeppelin:*** *Lenkbares Luftschiff*
*1897* ***Diesel:*** *Dieselmotor*

*1897* ***Marconi:*** *Drahtlose Telegrafie*
*1895* ***Röntgen:*** *Röntgenstrahlen*
***1900***

***1890***
*1890* ***Lilienthal:*** *Segelflug*
*1889* ***Hollerith:*** *Lochkartenmaschine*
*1884* ***Mergenthaler:*** *Setzmaschine*
*1890* ***Dunlop:*** *Luftreifen*
*1885* ***Daimler-Benz:*** *Erster Kraftwagen*
*1883* ***Maxim:*** *Maschinengewehr*
***1890***

***1880***
*1879 Elektrische Eisenbahn*
*1877* ***Edison:*** *Plattenspieler*
*1872* ***Pullman:*** *Speisewagen*
*1879* ***Edison:*** *Brauchbare Glühfadenlampe*
*1876* ***Otto:*** *Viertaktmotor*
***1880***

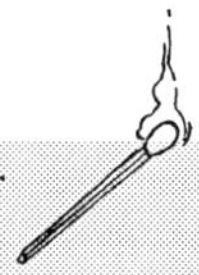

***1870***
*1868* ***Mége – Mouriés:*** *Margarine*
*1867* ***Nobel:*** *Dynamit*
*1866* ***von Siemens:*** *Bleidynamo*
*1867* ***Landstroem:*** *Zündhölzer*
*1867* ***Sholes:*** *Schreibmaschine*
*1861* ***Reis:*** *Telefon*
***1870***

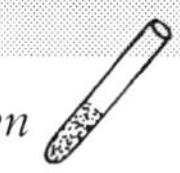

***1860***
*1859 Petroleumlampe*
*1855* ***Siemens/Martin:*** *Stahlverfahren*
*1857* ***Pasteur:*** *Bakterien*
*1854* ***Göbel:*** *Elektrische Glühlampe*
***1860***

***1850*** – *1850* ***Bauer:*** *U-Boot* – ***1850***

***1840*** – *1849 Krupp-Gussstahl-Geschütz* – ***1840***

***1830***
*1838* ***Daguerre:*** *Fotoapparat*
*1835 Erste Eisenbahn in Deutschland (Nürnberg–Fürth)*
*1834* ***Runge:*** *Anilinfarben aus Teer*
*1837* ***Morse:*** *Schreibtelegraf*
*1833* ***Gauß/Weber:*** *Magnetnadel-Telegraf*
***1830***

***1820***
*1826 Gasbeleuchtung in Berlin*
*1825 Erste Personeneisenbahn in England (Stockton–Darlington)*
***1820***

***1810***
*1817* ***von Drais:*** *Laufrad*
*1814* ***Stevenson:*** *Lokomotive*
*1815* ***Davy:*** *Grubenlampe*
*1811* ***Krupp:*** *Stahlfabrik (Essen)*
***1810***

***1800***
*1808 Gasbeleuchtung in London*
*1807* ***Fulton:*** *Erstes Dampfschiff*
***1800***

***1790*** – *1797* ***Leblanc:*** *Sodafabrikation begründet chemische Industrie* – ***1790***

***1780***
*1786* ***Cartwright:*** *Erster brauchbarer mechanischer Webstuhl*
*1783* ***Montgolfier:*** *Heißluftballon*
***1780***

***1770*** – *1769* ***Watt:*** *Dampfmaschine* – ***1770***

# Erfinden – schreiben – gestalten

## *Jede denkbare Darstellungsform*

ist möglich
(Kopplung an den Deutschunterricht):

- **Sagen,**
- **Reisebeschreibungen,**
- **fiktive Protokolle,**
- **„Illustrierten"-Reportage über historische Stoffe (= griffige Aufbereitung nach eigener Recherche in verschiedenen Geschichtsbüchern),**
- **„Zeitung" (Orts-Blatt) mit Fakten aus der Ortsgeschichte,**
- **anachronistische Grotesken,**
- **Gedichte,**
- **Songtexte,**
- **Inhaltsangaben zu historischen Romanen, Filmen etc.**

***Beispiel:***

- ***Illustrierte/Zeitung** **(S. 87)***

## *Übersichtslisten*

thematisch-chronologischer Art erstellen.

***Beispiel:***

- ***Das deutsche Volk im Mittelalter** **(S. 88)***

## *„Betroffenen"-Geschichte*

in der Ich-/Wirform schreiben.

***Beispiel:***

- ***Wir klagen die Kapitalisten an** **(S. 89)***

## *Historische Texte*

in ihrer ursprünglichen Schrift und Diktion lesen und verstehen; evtl. in Gegenwartssprache übersetzen.

***Beispiel:***

- ***Schwanck, von dem frommen Adel** **(S. 90)***

## *Fiktive Briefe*

in historischer Manier schreiben; Auszüge aus alten „Briefstellen" auf ihr Weltbild und die bestehenden Sozialbeziehungen hinterfragen; Texte in alten Schriften verfassen (z.B. „runisch" oder gotisch); alte Schreibgeräte abbilden und/oder nachbauen.

***Beispiel:***

- ***Theuerster Freund, ...** **(S. 91)***

# Erfinden – schreiben – gestalten

## Fortsetzung

### *Übersetzungen*

von mittelalterlichen Urkunden im Lateinunterricht (für Schriftstücke späteren Datums auch: im Französischunterricht).

***Beispiel:***
- ***Lateinische Urkunde (S. 92)***

### *Eigene Geschichtsbücher*

„schreiben" (festhalten, was interessierte; Bilder- und Grafiksammlung).

### *Frage- und Antwortspiele*

mit historischen Themen selbst herstellen (Wendekarten).

### *Archive*

nutzen, um z.B. Zeitungsausgaben von historischen Daten, Jahrestagen, eigenen Geburtstagen zu sichten und zu kopieren. (Bei Zeitungsarchiven, Stadtarchiven, Bibliotheken möglich.)

### *Rätsel*

selbst formulieren (Silben-, Kreuzwort- und Rebus).

### *Historische Literatur*

(z.B. Biografien) lesen.

# Illustrierte/Zeitung

## Erfinden – schreiben – gestalten – Beispiel

Juden in Deutschland (2)

# Im Zeichen des Kreuzes

**Tausend Jahre lebten die Juden in Deutschland unbehelligt. Als sich aus Frankreich ein Kreuzfahrerheer ins Rheintal ergoss, war es mit dem Frieden vorbei. Statt das Heilige Land von den Ungläubigen zu befreien, fielen die Kreuzfahrer in den deutschen Städten über die Juden her.**

**Die Bauernkriege – erste Revolution in Deutschland**

Franz von Sickingen nimmt Ulrich von Hutten 1520 in Landstuhl auf. Sickingen war die große Hoffnung aller Progressiven im Reich. Die geistige Elite sammelte sich um ihn und wer verfolgt wurde, fand Asyl auf seiner Burg. Noch nach Jahrhunderten regten Bauernkriege und Ritteraufstand die Fantasie der Historienmaler an (Holzschnitt von 1867)

# Die Revolte der Ritter

**Ein Bericht von Leo Sievers**

Mit 5000 Mann zu Fuß und 1500 Reitern fiel Franz von Sickingen in das Gebiet des Erzbischofs von Trier ein. Er nahm St. Wendel im Sturm, aber sein Handstreich auf das Kloster St. Maximin, wo reichlich Proviant und Kriegsmaterial lagerten, misslang. Als er am 7. September 1522 dort ankam, fand er nur noch Trümmer unter Wolken von stinkendem Qualm. Der Erzbischof hatte persönlich den Brand gelegt, um zu verhindern, dass seine Vorräte dem Feind in die Hände fielen.

Zunächst musste Ritter Franz sich damit begnügen, Trier einzuschließen und auf seine Freunde zu warten, die ihm Truppen aus allen Gauen Deutschlands zuführen wollten. Er hatte viele Freunde. Er war mehr als nur eine Leitfigur der deutschen Ritterschaft und sein Feldzug gegen den Erzbischof von Trier war mehr als jene Fehden, die damals im Deutschen Reich gängig waren. Hier focht eine Symbolgestalt gegen die andere.

**Kölnische Rundschau**

# Köln um die Jahrhundertwende

Als die Glocken der Kölner Kirchen das 20. Jahrhundert einläuteten, lebte man in dieser Stadt in einer Zeit ohne Hass und Zorn. Jeder hatte seine Sorgen, aber es mangelte auch nicht an großen und kleinen Freuden. Man war stolz, wenn man ein Fahrrad besaß, und man war unwillig, als die ersten Automobile stinkend und knatternd durch die Straßen fuhren. Man ärgerte sich, wenn die Geschäfte abends schon um acht Uhr schließen wollten, und man amüsierte sich für wenig Geld in Volkstheatern und Varietees. Die launige, mitunter aber auch nachdenkliche Schilderung des Lebens in der Domstadt aus der Zeit der Jahrhundertwende, P.C. Ettighofer hat sie geschrieben, jener Schriftsteller, dessen Bücher in Millionenauflage gedruckt wurden. Die Geschichte ist so spannend, wie es seine internationalen Bestseller sind.

# Das deutsche Volk im Mittelalter

## Erfinden – schreiben – gestalten – Beispiel

*Wir fassen zusammen:*
*Das deutsche Volk im Mittelalter*

*100 200 300 400 500 600 700 800 900 1000 1100 1200 1300 1400 1500*

| ***Die Stände*** | ***Zeit der Germanen*** | ***Zeit des Frankenreichs*** | ***Zeit der Sachsen-, Franken- und Staufenkaiser*** | ***Zeit nach dem Untergang der Staufer*** |
|---|---|---|---|---|
|  *Fürsten und Ritter* | Neben den Bauern und Unfreien gab es die Edelinge, aus deren Reihen die Fürsten gewählt wurden. | Karl der Große belohnte tapfere Kriegsleute und tüchtige Beamte mit Dörfern und Gütern, die Eigentum des Kaisers blieben (Lehnswesen). | Die Fürsten fühlten sich immer weniger als Beamte und Lehnsleute des Kaisers; die Lehen werden erblich. Entstehung und Blütezeit des Rittertums. | Die Fürsten wurden selbstständige Landesherren. Deutscher Ritterorden. Niedergang des Ritterwesens. |
|  *Mönche und Priester* | | Angelsächsische und irische Mönche brachten das Christentum nach Deutschland. Gründung von Kirchen und Klöstern. | Entstehung der Mönchsorden. Verweltlichung vieler Geistlicher: Reform von Cluny. Blütezeit der Klöster. | Zisterzienser und Prämonstratenser im Osten. Erneute Verweltlichung der Kirche. |
|  *Bürger* | Die Germanen bauten keine Städte; sie wohnten nicht gern eng beisammen. An Rhein und Donau entstanden „Römerstädte". | Inmitten der Reste zerstörter Römerstädte (Völkerwanderung!) entstanden Pfalze und Bischofssitze. | Wiederbelebung der Römerstädte. Gündung neuer Städte. Starkes Aufblühen durch den Handel (Kreuzzüge!) | Blütezeit der Städte. Freie Reichsstädte. Städtebünde. Hanse. Niedergang der Hanse (Entdeckungen!) |
|  *Bauern* | Die Germanen waren freie Bauern. | Viele freie Bauern unterstellten sich, um dem häufigen Waffendienst zu entgehen, einem Grundherrn und wurden „hörig". | Landnot trotz Rodung! Abwanderung in die Städte („Stadtluft macht frei"). Bauerntrecks nach dem Osten. | Weitere Ostkolonisation. Im Reich: zunehmende Verelendung der Bauern. Nur noch wenige „Freibauern". |

*100 200 300 400 500 600 700 800 900 1000 1100 1200 1300 1400 1500*

# Wir klagen die Kapitalisten an

## Erfinden – schreiben – gestalten – Beispiel

*Betroffene melden sich zu Wort*

### *Text 1*

Der Kapitalist kauft *Arbeiter*, so wie er *Maschinen* und *Rohstoffe* kauft. (Rohstoffe wie z.B. Eisen, Holz, Wolle.) Er bezahlt die Arbeiter mit Geld, dieses Geld nennt man Lohn. Die *Löhne* können höher oder niedriger sein, eins steht fest: Der Lohn, den die Arbeiter bekommen, ist nie so viel wert wie das, was sie in der Fabrik mit ihrer Arbeitskraft schaffen.

Sie bekommen nur einen Teil ihrer Arbeit bezahlt, so viel, dass sie davon leben können. Den Rest klaut ihnen also der Kapitalist. Der Gewinn in den Taschen des Kapitalisten entsteht somit durch diese „Gratisarbeit", durch diesen Diebstahl. Von diesem Gewinn kann er sich noch mehr Fabriken kaufen, noch mehr Arbeiter einstellen, noch mehr Geld verdienen. Dadurch *wächst das Kapital*. Der Trick mit dem Gewinn besteht darin: Der Kapitalist kauft die *Ware Arbeitskraft*, um mit dieser Arbeitskraft Waren herzustellen, für die er dann mehr Geld bekommt, als er für Arbeitskraft und Rohstoffe zusammen bezahlt hat. Simsalabim – da hat er den Gewinn!

Jetzt haben wir ihn bald durchschaut, unseren ehrbaren Geschäftsmann und seine ganze Klasse. Wir begreifen jetzt, was für ein Menschen fressender Dieb sich hinter seinem freundlichen Lächeln, seinem eleganten Schnurrbart und seinen blank geputzten Schuhen verbirgt. Um das Maß voll zu machen: Er hat die *Macht* in der Gesellschaft.

*(nach „Historien-Boken", S. 55 ff.)*

### *Text 2*

*Die Stadt ist voller Rauch und Ruß, Krankheiten und Enge. Hier gibt es die Fabriken, die Bergwerke, die Eisenhütten und Webereien. Hier dürfen wir für die Kapitalisten arbeiten. Sie pressen alle unsere Kräfte aus uns heraus. Hetzen uns in den Tod. Sie wissen, dass wir keine andere Möglichkeit haben, um am Leben zu bleiben.*

**Ellison Jack, Kohlenträgerin, 11 Jahre:**
„Seit drei Jahren arbeite ich hier unten in der Grube. Morgens um zwei Uhr nimmt mich mein Vater mit hinunter und ich komme um ein oder zwei Uhr nachmittags wieder nach oben. Abends um sechs Uhr lege ich mich hin, um für die Arbeit am nächsten Morgen ausgeruht zu sein. Ich muss meine Kohlenlasten vier hohe Treppen oder Leitern hinaufschleppen, bis ich zum Haupteingang komme. Täglich muss ich fünf Tonnen mit Kohlen füllen und manchmal habe ich Schläge bekommen, weil sie nicht voll waren."

**Sarah Gooder, 8 Jahre:**
„Ich bin in der Grube Türöffner. Ich muss ohne Licht arbeiten und ich habe Angst. Ich fange um vier Uhr und manchmal um halb vier an und bin nachmittags um fünf oder halb sechs wieder oben. Ich schlafe niemals. Manchmal singe ich, wenn ich ein Licht habe, aber im Dunkeln wage ich nicht zu singen."

**John Smith, Weber, 42 Jahre:**
„Ich gehe jeden Tag zur Arbeit. Wenn ich nach Hause komme, bin ich so müde, dass ich auf jeden Fall schlafen muss. Jeden Tag immer wieder dasselbe. Ich sterbe sicher bald. Ich habe das Gefühl, dass mein Leben überhaupt keinen Sinn hat."

**Bob Jones, Fabrikarbeiter, 18 Jahre:**
„Wir dürfen nicht nachdenken, die bestimmen doch alles, treten auf uns herum und verachten uns. Die behandeln uns wie dumme und hilflose Arbeitstiere – so ist das nämlich, wenn man für die Kapitalisten arbeitet."

**Anne Brown, Spinnerin, 23 Jahre:**
„Obwohl wir beide, mein Mann und ich, und unsere beiden Kinder täglich 15 Stunden arbeiten, haben wir kaum genug, um die Miete zu bezahlen, ein bisschen Brot und Haferflocken für die grüne Grütze zu kaufen. Aber wenn wir uns beschweren, werden wir rausgeschmissen und ohne Arbeit kommen wir überhaupt nicht mehr zurecht. Scheiß noch eins, ich habe diese Ausbeutung so satt!"

### *Text 3*

Wir sind Hunderttausende. Wir krümmen unsere Rücken, verschleißen uns im Schweiß, schinden unsere Körper, bauen Straßen, brechen Eisenerz, pflücken Baumwolle und sortieren Nägel, schnitzen Kleiderbügel, bauen Banken, stehen an den Maschinen und legen Eisenbahngleise.
Ohne unsere Arbeit gibt es nichts. Wenn wir nicht arbeiten, kann niemand leben. Und doch haben wir keinerlei Macht und können nicht über uns bestimmen!

Diejenigen, die die Fabriken, Bergwerke und Maschinen *besitzen*, haben die *Macht*. Sie entscheiden, wie schnell wir arbeiten sollen, was wir herstellen sollen, welchen Lohn wir bekommen – sie können über unser Leben und über unseren Tod entscheiden. Und sie saugen uns aus, beuten uns aus, pressen das Leben aus uns ...
Sie leben von unserer Arbeit, genauso, wie die Grundbesitzer vom Schinden der Bauern und Handwerker lebten.

# Schwanck, von dem frommen Adel

## Erfinden – schreiben – gestalten – Beispiel

*Ein historischer Text*

Als zu Frankfurt vor manchem Jahr
Am Mayn, der Hauptstatte da war
ein tags gehalten Halsgericht
Uber gar ein jungen Bößwicht
Gar ein hurtigen Reuttersmon
Der war ein wolgestalt Person
Von Leibe schön, gerad und lang
Und hett ein gar höflichen gang
In der Kleidung geschmückt und sauber
Der war gewesen ein Straßrauber
Uber welchen Augsburg die Statt
Laufende Gulden verbürget hat
Diesem solt man den Kopf abhauen
Ob welchem aber Mann und Frauen
Gar sehr großes Mitleyden hett.
Als man den verurtheilen thett
Und zu dem Gericht füret auß
Bracht in für ein grosses Wirtshauß
Darinn vil fremdes Adels lag
Solten da machen ein vertrag
Mit der fränkischn Ritterschafft
Nun diese waren auch behafft
In mitleyden und mit erbarmen
Als sie sahen außfürn den Armen
So guter höflicher gestalt
Und doch kaum zweintzig järig alt
Da dauret sie das junge Blut
Wurden zu rhat, und wolgemut
Giengen hin für den obern Rhat
Und da aufs demüthigest bat
Der Adel angelegt ein Bitt
Und vermeint den Jungen darmit
beym Ober Rhat Huld zu erwerben
Daß er nicht müßt so elend sterben
Sonder würt von dem Schwerd errett.
Der öber Rhat da fragen thet
Ir lieben Getrewen, saget an
Wist ir was der Jung hat gethan
Darumb er sol werden gericht?
Der Adel sprach: daß wiß wir nicht
Allein rheut uns die jung Person
Umb den doch warlich jedermon
Ein sonderlich mitleyden hat.
Darauff antwort der öber Rhat:
Ihr lieben Getrewen, so wist
Daß der Jung ein Straßrauber ist
Welcher den Kaufleuten auß vertrawen
Etlich Wägen hat auff gehauwen
Sie gfangen und geschetzet hart
mit seiner Rott auf dem Spessart
Und hat auch sonst vil schadens thon
Darumb wöll wir ihn richten lon
Weil ihr aber so grosse Bitt
Anlegt, woll wir ihn richten nicht
Sonder zu ehren euch gemein
Sol ihm das Leben geschenket sein
Gantz quitledig all seiner band
Jedoch soll er raumen das land
Und nimmermehr kommen darein
zu straff dieser verhandlung sein.
Als nun der Adel an dem ort
Vom öbern Rhat hört diese wort
Da sprachens gleich mit Entsatzung
Wie? Hat geraubet dieser Jung
Die Kaufleut schon auff dem Spessart
Und er ist doch nicht edler art
Das hab wir nicht gewuest vorhin
Deshalb nur eylents mit ihm hin
Und laßt ihm nur sein Kopf abschlagen
Wolt der Bawrenknecht in den Tagen
Sich mit Raub auff dem Spessart nern
Welches doch nur zusteht mit ehrn
Dem frommen Adel aller massen
Den Kaufleuten in busen blassen
Daß ihn die Guelden herauß stieben,
Den die Reißdienst gar hoch thund lieben
Die bey ihn bleiben bin bis her
Nur dapffer gute Reuttersmär
Darmit der fromb Adel abschied
Und war des urtheils wol zufried.

Beschluß.

Froh sollen deß all Kaufleut sein
Daß alle Strassen werden reyn
In Franken, Bayern, Sachsen, Schwaben
Daselbst ist grosse achtung haben
Der Adel, daß auff keiner Straß
Kein Rauber mehr auffragen laß,
Er sey denn von Adels geschlecht
Das zu der that hab fug und recht.
Derhalb ist jetzt sicher wandeln
Gen Franckfurt und Leipzig zu handeln
Dergleich durch all Gebirg und Thal
Das vor unsicher war zu mal
Wer jetzund durch den Spessart zug
Und Goldt auff seinem Haupte trug
Man nem ihm nicht ein Byrenstil
Darauff so laß sich wer da wil
doch hüt er sich vor ungemachs
Auff allen Strassen rhät Hans Sachs

*(Fliegendes Blatt aus der Reformationszeit)*

# Theuerster Freund, ...

## Erfinden – schreiben – gestalten – Beispiel

*So schrieb man früher*

| *Umschrift* | *Runen* | *Gotische Runennamen* |
|---|---|---|
| f | ᚠ | fe |
| u | ᚢ | uraz |
| th | ᚦ | thyth |
| a | ᚨ | aza |
| r | ᚱ | reda |
| k | ᚲ | chozma |
| g | ᚷ | gewa |
| w | ᚹ | winne |
| h | ᚺ | haal |
| n | ᚾ | noicz |
| i | ᛁ | iiz |
| j | ᛃ | gaar |
| e | ᛇ | waer |
| p | ᛈ | pertra |
| z | ᛉ | ezec |
| s | ᛊ | sugil |
| t | ᛏ | tyz |
| b | ᛒ | berona |
| e | ᛖ | eyz |
| m | ᛗ | manna |
| l | ᛚ | laaz |
| ng | ᛜ | enguz |
| o | ᛟ | utal |
| d | ᛞ | daaz |

### Anzeige an einen Freund bei der Rückkehr ins Vaterland

### Theuerster Freund,

Heute früh mit dem Aufgange der Morgensonne bin ich in die liebe Vaterstadt zurückgekehrt. Nach einer kurzen Ruhe begab ich mich in Deine Wohnung, um von allen andern Freunden Dich zuerst wiederzusehen, und nach beinahe zweijähriger Trennung sehnsuchtsvoll in meine Arme zu schließen. Man sagte mir, Du wärest bereis seit 14 Tagen bei Deinem Oheime auf dem Lande. Dahin konnte ich Dir nicht folgen; ich mußte also dem Papier die herzlichen Begrüßungen übergeben, mit denen ich Dein Wiedersehen würde gefeiert haben.

Theuerster Eduard, nimm mich denn wider, wie sonst, in Deine Theilnahme, in Deine Freundschaft, in Deine Liebe auf! Laß mir die frohe Hoffnung, Dich in Deinen Gesinnungen für mich unverändert widerzufinden. Mancherlei Erfahrungen, erweiterter Umgang mit Menschen, und vielleicht einige nicht unbedeutende Fortschritte in allgemeinder Bildung werden mich für Deinen lehrreichen Umgang mit mir haben gereifter werden lassen. Gönne mir ihn denn bald wieder, und laß mich in Deiner Nähe, in dem willkommnen Verkehre mit Dir alle Reize gemüthlicher Mittheilung und zarter Freundschaft genießen.

Ferne Länder haben ihre eigenthümlichen Güter und Schönheiten; sie geben dem Herzen – dem Geiste manche dankenswerthe Nahrung; das Beste aber von allem Guten und Schönen besitzt doch die Heimath, wenn sie einen geliebten, einen geehrten Freund aufbewahrt. Nach Dir sehnte sich meine Brust im Gewühle der Weltstadt London, nach Dir auf den Hügeln, wo Fingal sang, nach Dir in den glänzenden Salons von Paris, nach Dir unter Italiens Himmel und auf den Alpen Helvetiens. Möge die schöne Stunde denn nahe seyn, wo ich Dich – Du lange Entbehrter! – in meine Arme schließen, und es Dir wiederholen kann, wie theuer du bist

Deinem August

### Die Folgen des Bauernkriegs.

Die Bauern waren überall wieder unter die Herrschaft ihrer Obrigkeit gezwungen. Die geschlossenen Verträge wurden gebrochen, und die schon bestehenden Lasten wurden noch vermehrt. Wer vom Bauernkrieg allein Vorteile hatte, waren die Fürsten. Sie gewannen nicht nur dadurch, dass ihre Konkurrenten, niederer Adel, Geistlichkeit und Städte, geschwächt waren, sie gewannen auch, da sie die Hauptbeute vor allen übrigen Ständen davontrugen. Die geistlichen Güter wurden zu ihren Gunsten teilweise säkularisiert, und die Gelder für Verschonung der Städte und Bauernschaften vor Brandschatzung flossen in ihre Waffen.

# Lateinische Urkunde

## Erfinden – schreiben – gestalten – Beispiel

*Übersetzungen von mittelalterlichen Urkunden im Lateinunterricht*
(deutsch – lateinisch; lateinisch –deutsch; sprachliche Ergänzung und/oder inhaltliche Veränderung (auch satirisch))

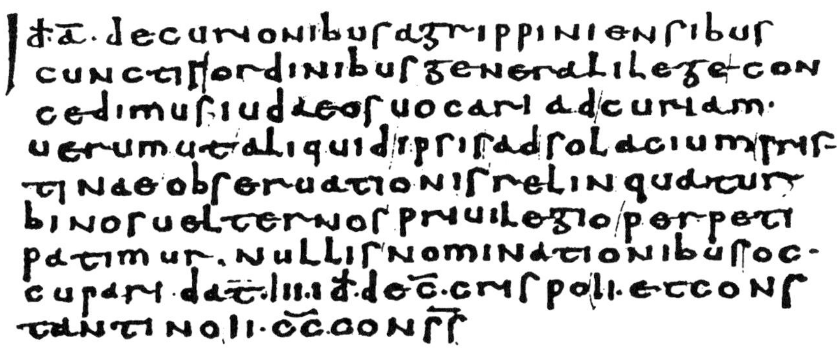
d.a. decurionibus agrippiniensibus
cunctis ordinibus generali lege con
cedimus iudaeos vocari ad curiam.
verum ut aliquid ipsis ad solacium pris
tinae observationis relinquatur
binos vel ternos privilegio perpeti
patimur. nullis nominationibus oc
cupari. dat. iii. id. dec. crispo ii. et cons
tantino ii. conss.

In diesen großformatigen, stets mit besonderer Sorgfalt ausgestatteten Urkunden besonders päpstlicher, kaiserlicher und königlicher Aussteller erscheint der vollständige klassische Formenapparat der mittelalterlichen Urkunde:

***Protokoll***
- *Invocatio* (Anrufung Gottes: In nomine sancte et individue trinitatis),
- *Intitulatio* (Name und Titel des Ausstellers, mit „Devotionsformel": H., dei gracia rex francorum),
- *Inscriptio* (Nennung des Empfängers, mit „salutatio": fidelibus nostris burgensibus in X. ... oder: omnibus Christi fidelibus hanc literam inspecturis ... salutem),
- *Arenga* (Allgemeine redensartliche Begründung: Regiae maiestati decet in subditos et fideles suos manus sue liberalitatis extendere ... oder: Mutantur tempora, recedit memoria hominum, sed vivit litera et cam vivunt diucius actiones ...),

***Text (Kontext)***
- *Promulgatio* oder *Publicatio* (Verkündungsformel: Noverint omnes Christi fideles ... oder: Notum esse volumus, quod ...),
- *Narratio* (Erzählung der tatsächlichen oder vorgeblichen Einzelumstände, die die Ausfertigung der Urkunde veranlasst haben: ... quod fidelis noster NN. ad nostram accedens presentiam deprecatus est celsitudinem nostram, ut ... ordinaremus ...),
- *Dispositio* (Ausdruck der Willenserklärung und materieller Inhalt der Rechtshandlung: Eapropter concedimus, quod ...),
- *Sanctio* (Poenformel, Androhung einer Strafe bei Zuwiderhandlung: Quod qui presumpserit in sue temeritatis vindictam indignationem nostram et penam quinquaginta librarum auri puri se noverit incursurum),
- *Corroboratio* (Angabe des oder der Beglaubigungsmittel: Et ut hec rata semper et illibita permaneant, presens privilegium sigilli nostri impressione iussimus communiri),

***Eschatokoll (Schlussprotokoll)***
- *Subscriptiones* (Unterschriften, eigenhändig oder nicht eigenhändig, so des Ausstellers, der Zeugen – meist durch einfache Aufführung ihrer Namen –, des ausführenden Kanzlers oder Schreibers: Signum domini H. regis invictissimi – Monogramm mit Vollziehungsstrich; Huius rei testes sunt: A, B, C, D ... ; M. cancellarius recognovi),
- *Datierung* (Tages- und Ortsangabe: Actum et datum vii idus januarii anno incarnacionis dominicae ..., Indictione tertia, anno autem regni nostri ..., apud Goslariam).

# Modellieren – nachbauen – herstellen

## *Gruppen- und Einzelarbeiten*

epochenbezogen in verschiedenen Techniken (auch in Zusammenarbeit mit dem Kunst-/Werk-/Technikunterricht).
Siehe auch Band 1, AB 61: "Was man alles herstellen kann ..."

- **Hausmodelle**
aus Papier, Karton, Styropor-Abfall, Balsa- oder Sperrholz, Kleister-Sand, Gips, Ytong-Gasbaustein usw.

- **Kostüme, Puppen, Figurinen**
aus Stoffresten, Pfeifenreinigern, gefärbtem Seiden- oder Batikpapier, Ton.

- **historische Stadt- und/oder Funktionsmodelle**
(nach historischen Abbildungen) Krane, Bauwerkzeuge, Zugbrücken, Verteidigungsanlagen, Bewässerungswerke (Göpel), Rollen- oder Schlittentransporter, Schiffe usw. usw.

***Beispiel:***
- ***Das mittelalterliche Köln (S. 94/95)***

- **Puzzle aus historischen Karten oder Bildern**
auf Karton/Sperrholz aufgezogen oder aufgemalt, dann ausgeschnitten (Teppichmesser) oder ausgesägt (Laubsäge).

- **Gefäße töpfern**

- **Waffen und Geräte nachbauen**

- **Stoffe auf Karton-Webstuhl weben**
mit Fäden vertikal bespannt, Wollreste horizontal eingefädelt.

- **textile Wandbilder (Applikationen)**
Stoffreste/Lumpen ausschneiden, zu Figuren/Gebäuden zusammensetzen, dann kleben oder mit Faden anheften.

- **Gipsmosaik**
dünne Platten gießen, trennen (Banksäge), färben, Bilder kombinieren.

# Das mittelalterliche Köln 1

## Modellieren – nachbauen – herstellen – Beispiel

***Stadtmauer***
*erbaut 1200*
*Baudauer 50 Jahre*
*mit 50 Halbtürmen*
*10 Landtorbogen*
*2 Wassertorburgen*
*Abbruch 1880*

***1. Stadterweiterung** 940*
*(Rheinvorstadt)*
***2. Stadterweiterung** 1105*
*(Oversburg, Niederich, St. Aposteln)*
***3. Stadterweiterung** 1180*
*(Große Mauer)*

*die so unterstrichenen Bauten sind heute noch erhalten*

**1** - **15**

***1** St. Severin*
***2** St. Ursula*
***3** St. Kunibert*
***4** St. Andreas*
***5** St. Gereon*
***6** St. Aposteln*
***7** St. Pantaleon*
***8** St. Georg*
***9** Klein St. Martin*
***10** Groß St. Martin*
***11** St. Mauritius*
***12** Cäcilienkirche*
***13** St. Peter*
***14** Alt St. Heribert*
***15** St. Maria im Kapitol*

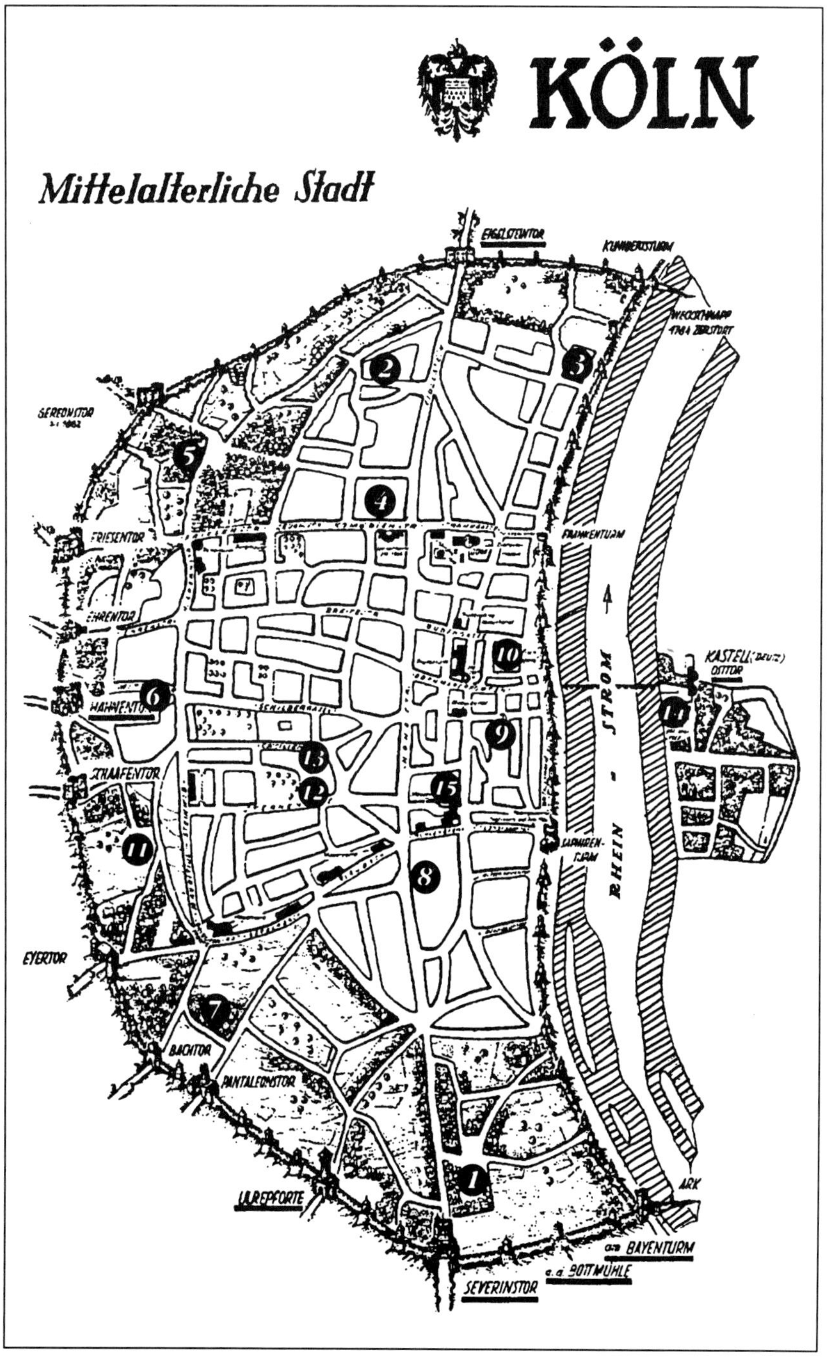

# Das mittelalterliche Köln 2

## Modellieren – nachbauen – herstellen – Beispiel

**Römerstadt**

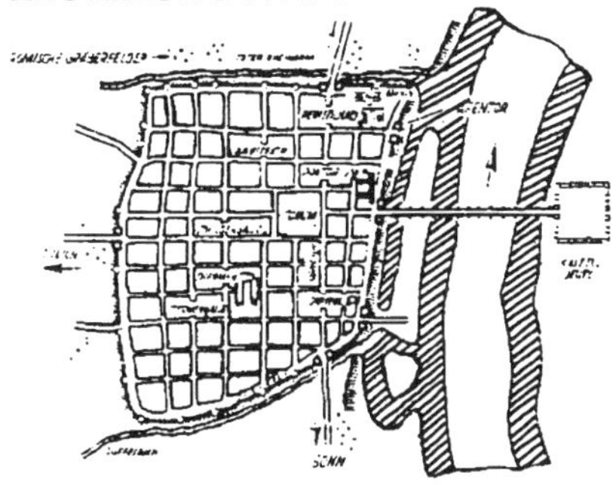

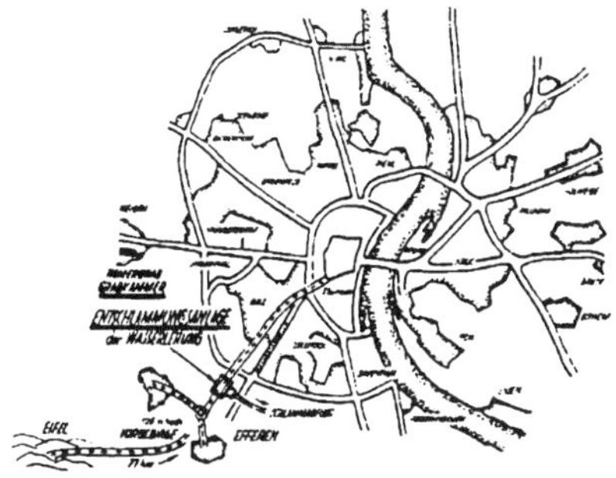

▲ *Nordtor*

◀ *Severinstor*

LehrerInnen Info

# Lesen – hören – sammeln

## *Sammeln von „Quellen“*

(Gegenstände, Schriftstücke, Bilder) auf dem Trödel und Anlegen von Sammlungen (privat/schulisch).
Gebraucht werden auch: Postkarten, Briefmarken, Familienfotos, Gebrauchsgegenstände, alte Zeitungen, Münzen, Alben usw.

***Beispiel:***
- ***Geschichte vom Flohmarkt (S. 97)***

## *Bildmappen*

mit fotokopierten historischen Bildern und Stichen aus Lexika und Geschichtsbüchern anlegen.

## *Lektüre*

von Texten mit historischem Inhalt oder Dekor.

## *Aktuelle Zeitungsausschnitte*

zu politischen und historischen Themen.

## *Hören*

alter Schallplatten und Tondokumente (Stadtbildstelle).

## *Anschauen*

historischer Filme und Wochenschauen.

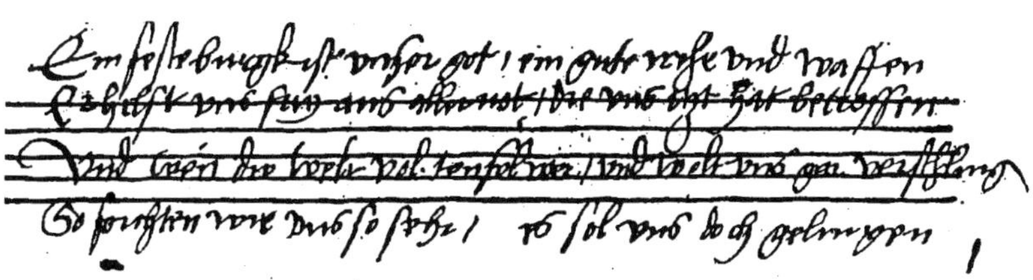

# Geschichte vom Flohmarkt

## Lesen – hören – sammeln – Beispiel

# Spielen und darstellen

In diesem Arbeitsbereich ist, bei weiter Auslegung des Spielbegriffs, so ungefähr *alles* möglich, was der Fantasie von Lehrern und Schülern entspringen kann. Abgesehen davon, dass sich nicht nur Briefe, Texte und Bilder dramatisieren lassen, Situationen aus „großer“ Politik oder „kleinem“ Alltag spielbar sind – auch alle möglichen „neuen“ und historisch belegten Spiele im engeren Sinne können rekonstruiert, erinnert, nachempfunden, eingesetzt werden.

## *Drama, Tribunal*

Für *ältere* Jahrgänge eignen sich dramatische Texte als Lesedramen (z.B. Hochhuth) oder so genannte „Tribunale“, in denen historische Kontrahenten „verurteilt“ bzw. historische Tatbestände verschieden bewertet werden.

***Beispiel:***
- ***Preußen – ein Prozess (S. 99/100)***

## *Einige Anregungen aus 1000:*

- Suchspiele im Buch-/Bildbestand der nächsten Bücherei,
- zeitgenössische Musik hören,
- Gedichte im Gardinenkostüm rezitieren, spielen,
- Brettspiele erfinden, spielen,
- Quizspiele mit Fragen zum behandelten Geschichtsthema,
- historische Szenen als „Lebende Bilder“,
- Schattenspiel oder Marionetten mit historischen Spielen aus der Lokalgeschichte,
- Wendekarten, Geschichtslotto und viele denkbare Sachen mehr.

# Preußen – ein Prozess 1

## Spielen und darstellen – Beispiel

*„Preußen – ein Prozess in 5 Verhandlungen"*

***Eine historische Dokumentation des ZDF. Folge IV, Sonntag, 14. Juni 1981, 19.30 Uhr.***

**Faktenpolarisierung**

Otto von Bismarck, geboren 1815, seit 1847 konservativer Abgeordneter, im Herbst 1862 zum preußischen Ministerpräsidenten berufen, später auch Bundeskanzler des Norddeutschen Bundes und ab 1871 für nahezu zwei Jahrzehnte Kanzler des Deutschen Reiches, wird von vielen als die Personifikation des Preußentums angesehen. Nehmen ihn die einen als eine Art überproportionalen Kraut-und-Rüben-Junker, so schien er anderen wegen seines politischen Genies der größte aller Deutschen zu sein.

**Gegen Bismarck**

Bismarck war kein Demokrat, sondern durch und durch preußischer Monarchist. Seine Prinzipien, nach denen er handeln würde, legte er gleich bei Beginn seiner Laufbahn als preußischer Ministerpräsident offen: Um eine vom Berliner Abgeordnetenhaus abgelehnte Aufstockung des Rüstungsetats doch noch durchzudrücken, sprach er vor dem Haushaltsausschuss davon, dass Politik nicht mit demokratischen Redeschlachten, sondern mit „Blut und Eisen" gemacht werde. In dieser Äußerung zeigt sich deutlich seine Verachtung des Parlamentes.

**Für Bismarck**

Bismarcks Äußerungen und Handlungen müssen im Zeitzusammenhang gesehen werden. Die geforderte Aufstockung des Rüstungsetats sollte diesen auf ein Drittel des preußischen Staatshaushalts anheben. Frankreich und Russland gaben zu dieser Zeit zwei Drittel ihres Haushalts für die Armee aus. Außerdem war die Aufrüstung für Preußen notwendig: Zentraleuropa befand sich in dieser Zeit in einem gefährlichen politischen Schwebezustand. Die ständige Rivalität zwischen Österreich und Preußen im Deutschen Bund war schon in der Konstruktion dieser Vereinigung programmiert. Dazu kam das Verlangen der Deutschen, ebenso in einem geeinigten Nationalstaat zu leben wie die meisten ihrer Nachbarn. Der Krieg zwischen Österreich und Preußen um die Vorherrschaft in Deutschland schien unvermeidbar.

---

1864 kämpften Österreich und Preußen gemeinsam gegen Dänemark, das sich vertragswidrig Schleswig-Holstein einverleiben wollte. Nach dem Sieg über die Dänen auf den Düppeler Schanzen war der Krieg entschieden. Als die Siegesmeldung in Berlin eintraf, wusste hier niemand mehr, wie viel Schuss Salut abzufeuern waren: Preußen hatte seit 1815, seit dem Sieg über Napoleon, keinen Krieg mehr geführt.
Zwei Jahre später sollte der Krieg Preußens gegen Österreich Deutschland in zwei Lager spalten: Deutsche standen Deutschen gegenüber. In der blutigen Schlacht bei Königgrätz besiegte Preußen die verbündeten Österreicher und Sachsen.

---

**Gegen Bismarck**

Bismarck hat diesen Krieg vom Zaun gebrochen. Überall in Deutschland hielt man diesen Krieg für ein Unglück, zu dem Bismarck seinen König nur mühsam überreden konnte.

*Bismarck bei der Reichsgründungsfeier 1871 in Versailles.*

**Für Bismarck**

Zwar war der Krieg in Deutschland unpopulär, aber da er unvermeidbar erschien, kam es Bismarck nun darauf an, den günstigsten Zeitpunkt abzuwarten. Dies war 1866 der Fall, nicht zuletzt, da Bismarck nun keinerlei Einmischung des Auslands und damit keine Ausweitung des Krieges zu befürchten brauchte. Als kluger Politiker zeigte sich Bismarck beim Abschluss des Vorfriedens in Schloss Nikolsburg in Südmähren: Gegen den heftigen Widerstand der Militärs und zunächst auch des Königs setzte er durch, dass keinerlei Gebietsabtretungen und praktisch keine Kriegsentschädigungen vom besiegten Österreich gefordert wurden.
Alle Gefangenen wurden sofort entlassen, alle besetzten Gebiete unverzüglich geräumt. Auf den geplanten triumphalen Einzug in Wien musste die preußische Armee verzichten.

---

**Für die Kaiserkrone**

Die Ablehnung der Krone war ein Beispiel preußisch-monarchischer Volksverachtung: Der König von Preußen wollte die Krone nicht aus der Hand des Volkes entgegennehmen, weil er dieses Volk im Grunde verachtete.

**Gegen die Kaiserkrone**

Friedrich Wilhelm IV. hat nach langem Schwanken die Kaiserkrone nicht aus Verachtung abgelehnt, sondern aus Klugheit. Durch einen preußisch-deutschen Kaiser wäre das beim Wiener Kongress ausgehandelte europäische Gleichgewicht der Kräfte empfindlich gestört worden, ein Krieg wäre unvermeidlich gewesen. Einem solchen Krieg wäre auch Preußen sicher nicht gewachsen gewesen.

# Preußen – ein Prozess 2

## Spielen und darstellen – Beispiel

*„Preußen – ein Prozess in 5 Verhandlungen" (Fortsetzung)*

***Eine historische Dokumentation des ZDF. Folge IV, Sonntag, 14. Juni 1981, 19.30 Uhr.***

Nach dem Krieg von 1866 vergrößerte sich Preußen. Das Königreich Hannover wurde preußisch, ebenso Schleswig und Holstein, Kurhessen und Nassau sowie die Freie Stadt Frankfurt. Preußen hatte die größte Ausdehnung seiner Geschichte erreicht. Der Schwebezustand um die Vormachtstellung zwischen Österreich und Preußen war zu Ende. Österreich war aus Deutschland hinausgedrängt. Alles, was in Nord- und Westdeutschland noch nicht zu Preußen gehörte, wurde im Norddeutschen Bund zusammengefasst. Kanzler des Bundes wurde Bismarck: die Flagge des Bundes Schwarz-Weiß-Rot.

**Gegen die Vorherrschaft Preußens**
Das Übergewicht Preußens im Norddeutschen Bund war überwältigend. Ein Parlamentarier verglich das Verhältnis zwischen Preußen und den anderen Bundesgenossen einmal mit „einem Hund und seinen Flöhen". Die Einigung ist von Preußen gewaltsam durchgeführt worden und, wie sich bei der Besetzung Frankfurts zeigte, auch oft gegen den Willen der Betroffenen. Die preußische Normierung des öffentlichen Lebens und der Verwaltung ging auf Kosten individueller Eigenheiten der kleineren Staaten. Die in diesem Staatenbund geschätzten Tugenden waren militärische Tugenden wie Disziplin, Ordnung, Pünktlichkeit; bürgerliche Tugenden dagegen, wie ein blühender Parlamentarismus, konnten sich nicht entwickeln.

**Für die Vorherrschaft Preußens**
Durch den Norddeutschen Bund war die überwiegende Mehrheit der Deutschen der Verwirklichung ihres Traumes von einem deutschen Einheitsstaat ein wesentliches Stück näher gekommen. Die vorbildliche Verwaltung des preußischen Rechtsstaats konnte reibungslos und zu deren Besten auf die besetzten Gebiete und auf die anderen Bundesstaaten übertragen werden. Der starke Norddeutsche Bund brachte der Bevölkerung gegenüber den früheren Kleinstaaten auch wirtschaftliche Vorteile. Die Vereinheitlichung des Bildungswesens nach preußischem Vorbild führte zum Aufblühen der vorher nicht preußischen Hochschulen.

---

Im Juli 1870 brach der Krieg zwischen Deutschland und Frankreich aus. Die Schuld an diesem Kriege ist nicht eindeutig festzustellen: Frankreich war unter Napoleon III. in einen Zustand geraten, in dem es außenpolitische Erfolge brauchte. Preußen – und Bismarck hat hier zweifellos manipuliert – zeigte auf eine französische Provokation eine unangemessene Überreaktion. So wurde auf beiden Seiten mobilisiert.
Militärisch war der Krieg für Preußen ein Triumph. Bereits am 1. September 1870 musste Napoleon III. bei Sedan kapitulieren und geriet in Gefangenschaft. Frankreich setzte als Republik den Krieg noch eine Weile fort, aber die Überlegenheit war eindeutig auf preußisch-deutscher Seite.
Am Ende des Krieges stand die Gründung eines neuen Deutschen Reiches. Am 18. Januar 1871 wurde im Spiegelsaal des Schlosses von Versailles der preußische König Wilhelm I. zum Deutschen Kaiser gekrönt.

---

**Gegen die Reichsgründung**
Der militärische Charakter der Gründung war bestimmend für seine weitere Geschichte. Der Krönungsakt im Schloss der französischen Könige war eine Demütigung für Frankreich, die hier nicht vergessen werden sollte. Frankreich musste die ungeheure Kriegsentschädigung von fünf Milliarden Francs bezahlen und Elsass-Lothringen abtreten. Für diesen Frieden, der in Frankreich das Revanchebedürfnis weckte, hat Deutschland nach dem Ersten Weltkrieg schwer bezahlen müssen.

**Für die Reichsgründung**
Die Reichsgründung brachte Deutschland – wenn auch ohne Österreich – die lang ersehnte Einigung. Es entsprach den realen Machtverhältnissen in Deutschland, dass Preußen die Führungsrolle übernahm, dass der preußische König deutscher Kaiser wurde. Der militärische Charakter der Reichsgründung war die Konsequenz, nachdem 1848/49 der Versuch einer parlamentarischen Einigung Deutschlands gescheitert war.
Das deutsch besiedelte Elsass-Lothringen hatte Frankreich in verschiedenen früheren Kriegen besetzt. Die Grenze auf dem Vogesenkamm musste aber auch als militärische Notwenigkeit angesehen werden. Die Begeisterung für die Reichsgründung war in Deutschland allgemein und echt – auch unter den Juden.

---

Wilhelm I., der König von Preußen und spätere erste deutsche Kaiser, sagte am Vorabend seiner Kaiserproklamation in Versailles: „Morgen ist der unglücklichste Tag meines Lebens, da nehmen wir Abschied von Preußen, da tragen wir das preußische Königtum zu Grabe."

# Forschen und erkunden

## *„Was ist los in ...“*

Vorbereiteter Arbeitsbogen (Synopse) zur Ortsgeschichte bis 1945 siehe Beispielseite: alte Pläne und Abbildungen ansehen; Stadtteil- und Straßennamen analysieren; Stadtchroniken und Vereinsschriften lesen usw.

***Beispiel:***
- ***Synopse (S. 103/104)***

## *Eigene Familiengeschichte*

erforschen: alte Fotoalben durchsehen; Familienerzählungen beachten; Briefe an Großeltern schreiben; woher stammt Familienname; Berufe in der Familie usw.

***Beispiel:***
- ***Familien-Stammbaum (S. 105)***

## *Wirtschafts- und Sozialgeschichte*

- Vergleich von Arbeits-, Haus- und Schulordnungen;
- „Spurensuche“: Stadtarchäologie und Erforschung alter Industriedenkmäler;
- statistische Bücher „ausgraben“ und zum Leben erwecken (Zahlen bei der Stadt- oder Kirchenverwaltung);
- wie sich historische Wirklichkeit versteckt: a) Jahresbudget 1890 und b) Geschichte der Auseinandersetzung um die richtige Schule.

***Beispiele:***
- ***Betriebsordnung – gestern und heute (S. 106/107)***
- ***Spurensuche: „Stadtarchäologie“ (S. 108)***
- ***Streikstatistik 1913 (S. 109)***
- ***Lebenskosten 1890 (S. 110/111)***
- ***Wider die Pfaffenschule! (S. 112)***

## *Frauen machen Geschichte*

Hier: Analyse von Geschichtsbüchern; möglich auch: Geschichte der Frauenarbeit, -heilkunde, -kultur, -mode usw.

***Beispiel:***
- ***Frauen im Schulbuch (S. 113)***

## *Architektur- und Designgeschichte*

Tausende von Beispielen in alten Lexika, Zeitschriften usw.; dabei auch Stil und Funktionsgeschichte von Hausrat (z.B. Betten).

***Beispiel:***
- ***Wie man sich bettet (S. 114)***

# Forschen und erkunden
## Fortsetzung

### *Geschichte von Kindheit und Jugend*

In den 20er-, 30er-, 40er-, 50er-, 60er-, 70er-, 80er- Jahren: Ideologie, Trends, Mode und Musik.
Siehe z.B.: Ausstellungskatalog „Schock und Schöpfung", Werkbund Stuttgart.

### *Einzelgeschichte*

von Parteien, Schulen, Rechtswesen, Propaganda und Agitation, Geographie (Beispiel für andauerndes koloniales Denken: siehe S. 117), Kriegs- und Waffenwesen, Kirchen, Verlags- und Buchwesen, einzelner Gewerbe und Berufe usw.

***Beispiele:***
- ***Wahlplakat (S. 115/116)***
- ***Mercartor-Kartenprojektion (S. 117)***
- ***Peters-Kartenprojektion (S. 118)***

### *Geschichte der Tiere*

Verbreitung, Haltung, Nutzung, Mythen usw.

### *Projekte*

An jeder Schule und unter jeden Bedingungen sind Projekte zu realisieren. Man darf sich nur nicht dadurch selbst lähmen, dass man der „reinen" Projektform bei „optimalen" Bedingungen hinterherweint oder den „inflexiblen" Schulleiter als Ausrede benutzt.
Mögliche Aktivitäten: Exkursionen, Rallyes, vorbereitete Stadt- oder Museumserkundungen, Kochen nach historischen Rezepten, historische Großprojekte für eine ganze Jahrgangsstufe.
***Siehe dazu den Abschnitt „Exkursionen, Rallyes, Projekte" in Teil III des ersten Bandes „Projekt Geschichte".***

# Synopse 1
## Forschen und erkunden – Beispiel

| *Zeit und Kulturabschnitte* | *politisches Geschehen* | *kulturelle Leistungen* | *in unserem Wohnort* |
|---|---|---|---|
| *Die römisch-germanische Zeit* (Chr. Geburt – 500)  Porta Nigra in Trier, ein römisches Stadttor | Römer und Germanen bekämpfen sich und leben dann in 200-jährigem Kulturaustausch friedlich nebeneinander. Die ersten Germanen (Franken) überschreiten den „Limes". Die Hunnen brechen ein. Westrom geht in der Völkerwanderung unter. | Die Römer bauen an Rhein und Donau Städte und Straßen. Die Germanen leben als freie Bauern in Einzelgehöften und Dörfern. Germanische Götter- und Heldensagen. Wulfilas Bibelübersetzung (Gotenbibel). Grabmal Theoderichs d. Gr. in Ravenna. | |
| *Die fränkisch-karolingische Zeit* (500–900)  Königshalle des Klosters Lorsch, Gerichtshalle Karl d. Gr. | Chlodwig gründet das Frankenreich. Karl d. Gr. errichtet das fränkische Großreich und wird in Rom zum Kaiser gekrönt. Nach seinem Tode zerfällt das Frankenreich. Deutschland und Frankreich entstehen. | Erste abendländische Kulturblüte am Hof Karl d. Gr. Die Kapelle der Aachener Pfalz, der erste große Steinbau in Deutschland nach der Römerzeit. Hof- und Klosterschulen. Die Klöster werden Mittelpunkte des Kulturlebens. Hildebrands- und Waltharilied. „Heliand". | |
| *Die Romanik* (900–1200)  Der „Kaiserdom" zu Speyer | Unter den sächsischen, fränkischen (salischen) und hohenstaufischen Kaisern wird das deutsche Reich Vormacht des Abendlandes. Kaiser u. Päpste im Kampf. Blütezeit des Rittertums. Viele Bauern werden unfrei. Das Bürgertum gewinnt an Bedeutung. | Neben der Geistlichkeit werden vor allem die Ritter Träger der Kultur. Ritterlicher Minnesang. Große Epen: Nibelungenlied, Parzival, Gudrunlied. Eike von Repgows „Sachsenspiegel". Große romanische Dome. Bamberger Reiter. Kaiserpfalz in Goslar, Gelnhausen. Die Wartburg. | |
| *Die Gotik* (1200–1525)  Das Rathaus zu Münster | Der Untergang der Hohenstaufen führt zum „Interregnum". Danach Rückgang der kaiserlichen Zentralgewalt zu Gunsten der Fürsten. Diese werden Landesherren. Die Städte werden reich und mächtig (Städtebünde, z.B. die Hanse). Das Bauerntum verelendet immer mehr. | Das Bürgertum wird Hauptträger der Kultur. Herrliche Dome und Rathäuser. Der Ritterorden baut die Marienburg. Volkslieder und geistliche Lieder. Matthias Grünewald, Tilman Riemenschneider, Veit Stoß. Erfindung der Buchdruckerkunst. Erster Globus. Neues Weltbild des Kopernikus. Eine neue Zeit kündigt sich an. | |

# Synopse 2
## Forschen und erkunden – Beispiel

| *Zeit und Kulturabschnitte* | *politisches Geschehen* | *kulturelle Leistungen* | *in unserem Wohnort* |
|---|---|---|---|
| *Die Renaissance*<br>(1525–1675)<br><br>Das Rathaus zu Bremen | Habsburg wird die führende Macht in Deutschland. Glaubenskämpfe erschüttern die Einheit des Reiches. Der Dreißigjährige Krieg macht Deutschland zum „Schlachtfeld Europas". In über 300 Teilgebiete zerplittert, verliert das Reich seine führende Stellung in Europa. | Die hohe Zeit des Bürgertums (Fugger, Welser). Meistersinger, Passions- und Fastnachtsspiele, Volksbücher. Albrecht Dürer, Albrecht Altdorfer, Lucas Cranach, Hans Holbein, Peter Vischer, Adam Krafft. Johannes Kepler entdeckt seine Planetengesetze. | |
| *Barock und Rokoko*<br>(1650–1770)<br><br>Schloss Sanssouci bei Potsdam | Von Frankreich her kommt der Absolutismus nach Deutschland (Ludwig XIV.). Friedrich d. Gr. v. Preußen u. Joseph II. v. Österreich regieren nach den Ideen des „aufgeklärten" Absolutismus. Die Französische Revolution bringt auch für Deutschland das Ende des Absolutismus. | Blütezeit der deutschen Musik (Gluck, Bach, Händel), Dichtkunst (Wieland, Gellert, Lessing) und Baukunst (Schlüter, Neumann, Pöppelmann, Fischer von Erlach, Schlaun, Brüder Asam, Knobelsdorf, Zimmermann). Der Philosoph und Naturforscher Leibniz. Meißener Porzellan. | |
| *Klassik u. Romantik*<br>(1770–1850)<br>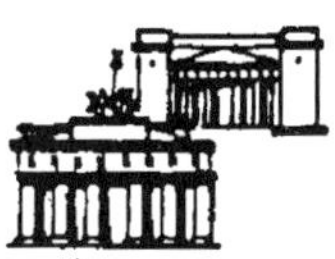<br>Neue Wache, Brandenburger Tor in Berlin | Napoleon beendet und „beerbt" die Französische Revolution. Er zerbricht das „Erste Deutsche Reich". Nach den Freiheitskriegen erhoffen die Deutschen vergeblich demokratische Freiheit u. politische Einheit. Die Revolution von 1848 scheitert. Aber die industrielle Revolution beginnt. | Höhepunkt der deutschen Kultur. Weimarer Dichterkreis (Goethe, Schiller). Dichter der Romantik (Hölderlin, Eichendorff, Brüder Grimm). Musiker: Haydn, Mozart, Beethoven, Schubert, Mendelssohn, Schumann, Wagner). Maler: C.D. Friedrich, Spitzweg, Richter. Baukunst: Schinkel, Schadow, Rauch. | |
| *Neue u. neueste Zeit*<br><br>Wechselnde Baustile: mehr und mehr Industrie- und Hochbauten | Bismarck einigt Deutschland. Sein „Zweites Deutsches Reich" besteht bis zum Ende des Ersten Weltkrieges. Es folgt die „Weimarer Republik". Sie erliegt der Diktatur Hitlers. Sein „Drittes Reich" geht im Bombenhagel des 2. Weltkrieges zu Grunde. Ein neues Deutschland muss gebaut werden. | Verschiedene Kunstrichtungen: Realismus, Impressionismus, Expressionismus, moderne Kunst. Dichtung: Storm, Hebbel, Hauptmann, Thomas Mann, Rilke, Hesse, Zuckmayer. Musiker: Bruckner, Brahms, Richard Strauß, Hindemith, Egk, Orff. Maler: Menzel, Liebermann, Corinth, Kollwitz, Nolde, Kokoschka, Klee. | |

# Familien-Stammbaum

## Forschen und erkunden – Beispiel

- ***Füllt die Kästchen nach diesem Schema aus:***
  *Vor- und Zuname:*
  *geboren am:*
  *Beruf:*
  *aus:*

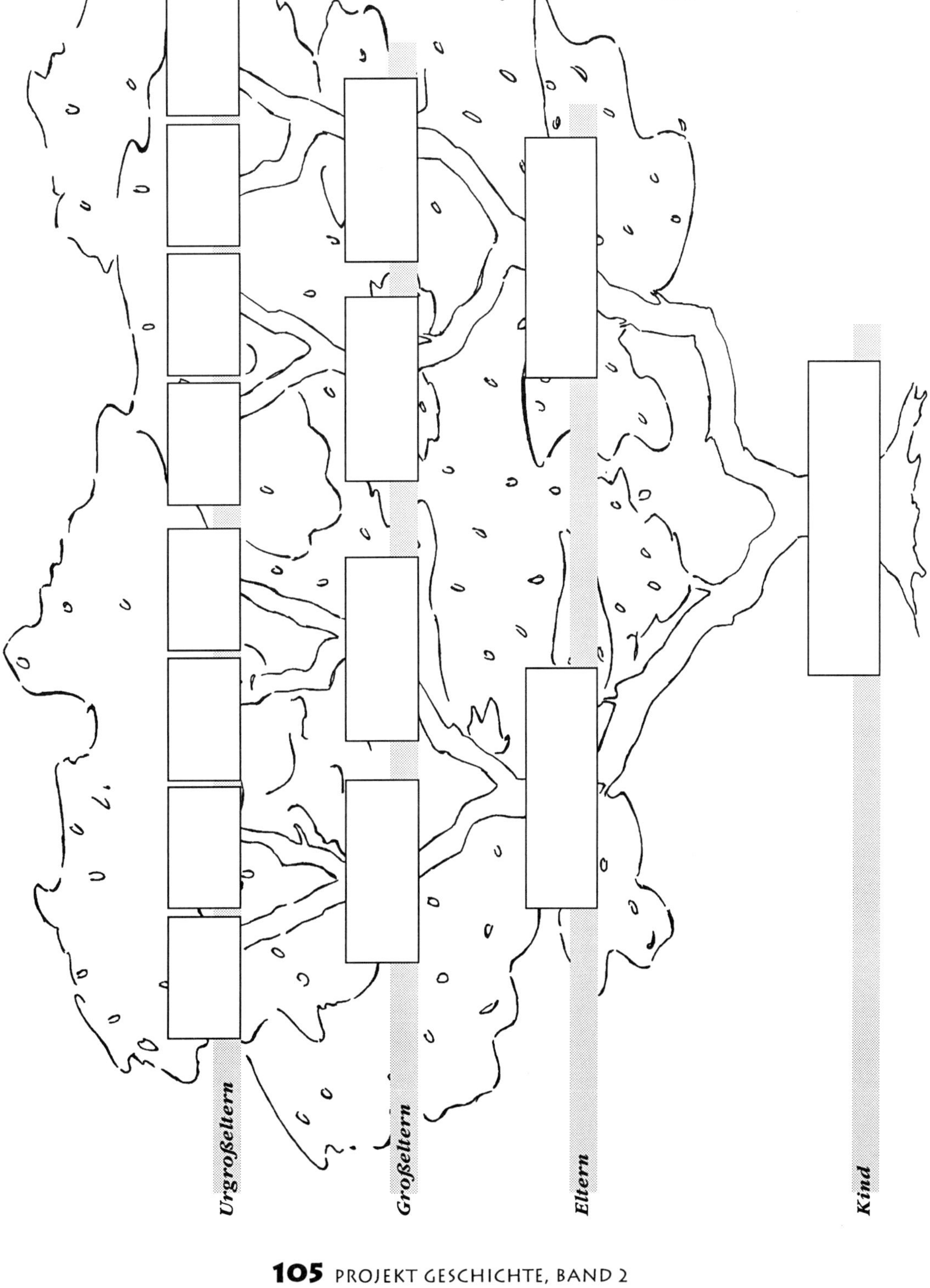

# Betriebsordnung – gestern und heute 1

## Forschen und erkunden – Beispiel

### *Büroordnung*

Vor gut 100 Jahren herrschten noch harte Arbeitsbedingungen in den Betrieben. Wenn wir heute die Arbeitsbestimmungen und Betriebsordnungen von Manufakturen, Comptoirs oder Amtsstuben aus den Jahren 1863 bis 1872 lesen, dann glauben wir oft, es handle sich dabei um einen üblen Scherz. Wir haben nachstehend einige Bestimmungen mit unserer heutigen Rechtslage verglichen. Natürlich kann man noch eine Menge anderer Gesetzestexte anführen, die solche „mittelalterliche" Verordnungen widerlegen.

- ***Schlage einmal in den angegebenen Gesetzen nach und versuche weitere Paragraphen anzuführen.***

**Bureauordnung**

1. Das Personal braucht nur noch an Wochentagen zwischen 6 Uhr vormittags und 6 Uhr nachmittags anwesend zu sein. Es wird erwartet, dass alle Mitarbeiter ohne Aufforderung Überstunden machen, wenn es die Arbeit erfordert.
2. Der dienstälteste Angestellte ist für die Sauberkeit der Bureaus verantwortlich. Alle Jungen und Junioren melden sich bei ihm 40 Minuten vor Arbeitsbeginn und bleiben auch nach Arbeitsschluss zur Verfügung.
3. Während der Bureaustunden darf nicht gesprochen werden. Die Einnahme von Nahrung ist zwischen 11.30 Uhr und 12.00 Uhr erlaubt. Jedoch darf die Arbeit nicht eingestellt werden.
4. Einfache Kleidung ist Vorschrift. Das Personal darf sich nicht in hellschimmernden Farben bewegen und nur ordentliche Strümpfe tragen. Überschuhe und Mäntel dürfen im Bureau nicht getragen werden, da dem Personal ein Ofen zur Verfügung steht. Ausgenommen sind bei schlechtem Wetter Halstücher und Hüte. Außerdem wird empfohlen, in Winterzeiten täglich 4 Pfund Kohle pro Personalmitglied mitzubringen.
5. Das Verlangen nach Tabak, Wein oder geistigen Getränken ist eine Schwäche des Fleisches und als solche allen Mitgliedern des Bureau-Personals untersagt.
6. Ein Angestellter, der Billardsäle und politische Lokale aufsucht, gibt Anlaß, seine Ehre, Gesinnung, Rechtschaffenheit und Redlichkeit anzuzweifeln. Weibliche Angestellte haben sich eines frommen Lebenswandels zu befleißigen.
7. Jeder Angestellte hat die Pflicht, für die Erhaltung seiner Gesundheit zu sorgen. Kranke Angestellte erhalten keinen Lohn. Deshalb sollte jeder verantwortungsbewusste Commis von seinem Lohn eine gewisse Summe zurücklegen, damit er bei Arbeitsunvermögen oder bei abnehmender Schaffenskraft nicht der Allgemeinheit zur Last fällt. Ferien gibt es nur in dringenden familiären Fällen. Lohn wird für diese Zeit nicht bezahlt.
8. Jeder Angestellte hat die Pflicht, den Chef über alles zu informieren, was über diesen dienstlich und privat gesprochen wird. Denken Sie immer daran, dass Sie Ihrem Brotgeber Dank schuldig sind. Er ernährt Sie schließlich.

# Betriebsordnung – gestern und heute 2

## Forschen und erkunden – Beispiel

*Heutige Rechtslage*

### 1

**§ 3** Arbeitszeitordnung
Die regelmäßige werktägliche Arbeitszeit darf die Dauer von acht Stunden nicht überschreiten.

**§ 6** Arbeitszeitordnung
Die Arbeitsnehmer dürfen an 30 Tagen im Jahr über die regelmäßige Arbeitszeit hinaus mit Mehrarbeit bis zu zwei Stunden täglich ... beschäftigt werden.

**§ 15** Arbeitszeitordnung
Wird ... Mehrarbeit geleistet, so haben die Arbeitnehmer ... Anspruch auf eine angemessene Vergütung über den Lohn für die regelmäßige Arbeitszeit hinaus.

### 2

**§ 6** Berufsbildungsgesetz
Dem Auszubildenden dürfen nur Verrichtungen übertragen werden, die dem Ausbildungszweck dienen ...

**§ 10** Jugendarbeitsschutzgesetz
Die tägliche Arbeitszeit des Jugendlichen darf acht Stunden ... nicht überschreiten. Die Arbeitszeit des Jugendlichen darf wöchentlich die Arbeitszeit der erwachsenen Arbeitnehmer ... nicht überschreiten.

### 3

**§ 75**, Absatz 2 Betriebsverfassungsgesetz
Arbeitgeber und Betriebsrat haben die freie Entfaltung der Persönlichkeit der im Betrieb beschäftigten Arbeitnehmer zu schützen und zu fördern.

**§ 12** Arbeitszeitordnung
Den Arbeitnehmern sind bei einer Arbeitszeit von mehr als 6 Stunden mindestens eine halbstündige Ruhepause oder zwei viertelstündige Ruhepausen zu gewähren, bei denen eine Beschäftigung im Betrieb nicht gestattet ist.

### 4

**§ 75**, Absatz 1 Betriebsverfassungsgesetz
Arbeitgeber und Betriebsrat haben darüber zu wachen, dass alle im Betrieb tätigen Personen nach den Grundsätzen von Recht und Billigkeit behandelt werden, insbesondere, dass jede unterschiedliche Behandlung von Personen, wegen ihrer Abstammung, Religion, Nationalität, Herkunft, politischen oder gewerkschaftlichen Betätigung oder Einstellung oder wegen ihres Geschlechts unterbleibt.

**§ 120 a** Gewerbeordnung
Die Gewebeunternehmer sind verpflichtet, die Arbeitsräume ... so einzurichten und zu unterhalten ... , dass die Arbeiter gegen Gefahren für Leben und Gesundheit ... geschützt sind.

### 5

Artikel 2, Abs. 1 Grundgesetz
Jeder hat das Recht auf die freie Entfaltung seiner Persönlichkeit, soweit er nicht die Rechte anderer verletzt und nicht gegen die verfassungsmäßige Ordnung oder das Sittengesetz verstößt.

### 6

Artikel 3, Abs. 3 Grundgesetz
Niemand darf wegen seines Geschlechts, seiner Abstammung, seiner Rasse, seiner Sprache, seiner Heimat oder Herkunft, seines Glaubens, seiner religiösen oder politischen Anschauung benachteiligt oder bevorzugt werden.

### 7

**§ 165** Reichsversicherungsordnung
Für den Fall der Krankheit werden versichert 1. Arbeiter, 2. Angestellte, wenn ihr regelmäßiger Jahresverdienst 20 700 DM nicht übersteigt.

**§ 616** Bürgerliches Gesetzbuch
Der zur Dienstleistung Verpflichtete wird des Anspruchs auf die Vergütung nicht dadurch verlustig, dass er für eine verhältnismäßig nicht erhebliche Zeit durch einen in seiner Person liegenden Grund ohne sein Verschulden an der Dienstleistung verhindert wird.
Hinweis: 6 Wochen gelten als „nicht erheblich".

**§ 2** Angestelltenversicherungsgesetz
In der Rentenversicherung der Angestellten werden versichert alle Angestellten ..., die beschäftigt sind.

**§ 1** Bundesurlaubsgesetz
Jeder Arbeitnehmer hat in jedem Kalenderjahr Anspruch auf bezahlten Erholungsurlaub.

### 8

Artikel 5 Grundgesetz
Jeder hat das Recht, seine Meinung in Wort, Schrift und Bild frei zu äußern und zu verbreiten ...

**§ 84** Betriebsverfassungsgesetz
Jeder Arbeitnehmer hat das Recht, sich bei den zuständigen Stellen des Betriebes zu beschweren, wenn er sich vom Arbeitgeber oder von Arbeitnehmern des Betriebs benachteiligt oder ungerecht behandelt oder in sonstiger Weise beeinträchtigt fühlt.

# Spurensuche: „Stadtarchäologie“

## Forschen und erkunden – Beispiel

▲ *Die Torstraße heute*

▲ *Die Torstraße 1476*

▶ *Die Torstraße 1776*

*Erforschung von Industrie„denkmälern“*

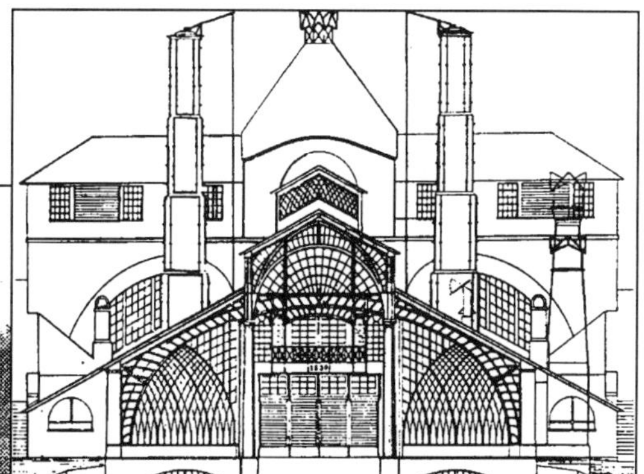

▲ *Ansicht der Sayner Hütte von der Stirnseite, erbaut 1830 von Ludwig Althans.*

▶ *Die Sayner Hütte um 1850*

# Streikstatistik 1913

## Forschen und erkunden – Beispiel

### Die Lohnbewegungen, Streiks und Aussperrungen im Jahre 1913.

| Laufende Nummer | Verband der | Es fanden statt Bewegungen insgesamt (ohne und mit Arbeitseinstellung): in Fällen | in Orten | in Betrieben | mit Beschäftigten | An den Bewegungen insgesamt waren beteiligt Personen | Darunter weibliche | Ohne Arbeitseinstellung endeten: Bewegungen | mit Beteiligten | Es fanden statt Angriffs-, Abwehrstreiks und Aussperrung: in Fällen | mit Beteiligten | Ausgang der Bewegungen: erfolgreich: in Fällen | mit Beteiligten | teilweise erfolgreich: in Fällen | mit Beteiligten | erfolglos: in Fällen | mit Beteiligten | unbek. oder nicht beendet: in Fällen | mit Beteiligten | Es hatten durch die Bewegungen Erfolg Personen |
|---|---|---|---|---|---|---|---|---|---|---|---|---|---|---|---|---|---|---|---|---|
| 1 | Asphalteure | 7 | 7 | 36 | 1123 | 1123 | — | 6 | 673 | 1 | 450 | 7 | 1123 | — | — | — | — | — | — | 1123 |
| 2 | Bäcker und Konditoren | 80 | 116 | 2742 | 5762 | 4959 | 248 | 66 | 2577 | 14 | 2382 | 72 | 3815 | 7 | 1130 | — | — | 1 | 14 | 4526 |
| 3 | Bauarbeiter | [1] 1715 | 19304 | 20756 | 386707 | 383957 | — | 1120 | 353449 | 595 | 30508 | 536 | 46871 | 1068 | 332732 | 109 | 4297 | 2 | 57 | 381919 |
| 4 | Bergarbeiter | 20 | 87 | 87 | 141040 | 8436 | — | 9 | 5036 | 11 | 3400 | 10 | 1319 | 5 | 4661 | 4 | 2124 | 1 | 132 | 29298 |
| 5 | Bildhauer | 56 | 37 | 254 | 1407 | 1085 | — | 27 | 830 | 29 | 255 | 38 | 938 | 9 | 83 | 8 | 50 | 1 | 14 | 1021 |
| 6 | Böttcher | 99 | 79 | 449 | 2439 | 2088 | — | 65 | 1723 | 34 | 365 | 44 | 1036 | 45 | 973 | 9 | 45 | 1 | 84 | 2199 |
| 7 | Brauerei- u. Mühlenarbeiter | 733 | 480 | 981 | 32769 | 22827 | 680 | 654 | 20807 | 79 | 2020 | 500 | 16733 | 173 | 5745 | 54 | 290 | 6 | 59 | 22479 |
| 8 | Buchbinder | 66 | 69 | 1054 | 10731 | 8587 | 4402 | 49 | 7634 | 17 | 953 | 43 | 5737 | 12 | 1729 | 9 | 556 | 2 | 565 | 5773 |
| 9 | Buchdrucker | 1 | 1 | 1 | 15 | 14 | — | — | — | 1 | 14 | — | — | — | — | 1 | 14 | — | — | — |
| 10 | Buchdr.-Hilfsarbeiter | 4 | 4 | 8 | 405 | 247 | 132 | — | — | 4 | 247 | — | — | 1 | 23 | 3 | 224 | — | — | 30 |
| 11 | Bureauangestellte | 15 | 15 | 35 | 1046 | 848 | — | 15 | 848 | — | — | 14 | 821 | 1 | 27 | — | — | — | — | 782 |
| 12 | Dachdecker | 82 | 90 | 1221 | 4937 | 4605 | — | 68 | 3753 | 14 | 852 | 82 | 4605 | — | — | — | — | — | — | 4937 |
| 13 | Fabrikarbeiter | 622 | 639 | 851 | 72447 | 56543 | 7721 | 499 | 43694 | 123 | 12849 | 459 | 29584 | 109 | 18285 | 51 | 6173 | 3 | 2501 | 43057 |
| 14 | Fleischer | 103 | 43 | 240 | 1118 | 989 | — | 101 | 912 | 7 | 77 | 100 | 905 | 3 | 15 | 5 | 69 | — | — | 920 |
| 15 | Friseure | 8 | 8 | 497 | 466 | 466 | — | 8 | 466 | — | — | 8 | 466 | — | — | — | — | — | — | 466 |
| 16 | Gärtner | 31 | 24 | 417 | 2451 | 1971 | 4 | 19 | 1164 | 12 | 807 | 19 | 959 | 11 | 994 | 1 | 18 | — | — | 2004 |
| 17 | Gastwirtsgehilfen | 138 | 28 | 197 | 3778 | 2509 | 124 | 109 | 2248 | 29 | 261 | 117 | 2086 | 10 | 131 | 11 | 292 | — | — | 2194 |
| 18 | Gemeindearbeiter | 231 | 108 | 697 | 89886 | 84324 | — | 226 | 83132 | 5 | 1192 | 49 | 12212 | 134 | 48916 | 48 | 22862 | — | 334 | 61128 |
| 19 | Glasarbeiter | 52 | 48 | 126 | 7990 | 4780 | 188 | 30 | 3275 | 22 | 1505 | 30 | 2029 | 12 | 1744 | 9 | 738 | 1 | 269 | 3598 |
| 20 | Glaser | 26 | 29 | 543 | 1638 | 1569 | — | 16 | 1165 | 10 | 404 | 19 | 1520 | 7 | 49 | — | — | — | — | 1569 |
| 21 | Handlungsgehilfen | 105 | 129 | 132 | 5790 | 5790 | 4853 | 105 | 5790 | — | — | 90 | 4767 | 14 | 1005 | 1 | 18 | — | — | 5772 |
| 22 | Holzarbeiter | 696 | [3] 286 | 6910 | 87446 | 85188 | 3598 | 386 | 69183 | 310 | [4] 16005 | 544 | 76873 | 60 | 2696 | 82 | 5008 | 10 | 611 | 78493 |
| 23 | Hutmacher | 164 | 20 | 167 | 4590 | 4590 | 1644 | 157 | 4200 | 7 | 390 | 150 | 3833 | — | — | 14 | 757 | — | — | 3833 |
| 24 | Kupferschmiede | 45 | 33 | 194 | 3345 | 975 | — | 36 | 828 | 9 | 147 | 32 | 782 | 8 | 124 | 5 | 69 | — | — | 893 |
| 25 | Kürschner | 4 | 4 | 328 | 2807 | 1638 | 1056 | 8 | 822 | 1 | 816 | 1 | 600 | 3 | 1038 | — | — | — | — | 2643 |
| 26 | Lederarbeiter | 90 | 65 | 177 | 7641 | 5677 | 719 | 80 | 4501 | 10 | 1176 | 22 | 812 | 63 | 4590 | 5 | 275 | — | — | 5233 |
| 27 | Lithographen | 60 | 47 | 92 | 1209 | 1209 | — | 59 | 1201 | 1 | 8 | 59 | 1201 | 1 | 8 | — | — | — | — | 1209 |
| 28 | Maler | [5] 348 | 446 | 17490 | 64377 | 31345 | — | 70 | 2962 | 278 | 28383 | 257 | 24997 | 72 | 5728 | 19 | 620 | — | — | 62235 |
| 29 | Maschinisten | 166 | 130 | 732 | 6403 | 6403 | — | 131 | 3411 | 35 | 2992 | 68 | 1489 | 73 | 2914 | 25 | 2000 | — | — | 3808 |
| 30 | Metallarbeiter | 1246 | 401 | 7112 | 424608 | 208986 | 10170 | 868 | 138829 | 378 | 70157 | 1003 | 136471 | 133 | 23421 | 101 | 48609 | 9 | 485 | 162048 |
| 31 | Porzellanarbeiter | 16 | 15 | 17 | 1848 | 803 | 390 | — | — | 16 | 803 | 3 | 97 | 3 | 43 | 4 | 42 | 6 | 621 | 140 |
| 32 | Sattler und Portefeuiller | 65 | 34 | 191 | 2289 | 1966 | 273 | 44 | 1459 | 21 | 507 | 46 | 1424 | 11 | 462 | 8 | 80 | — | — | 1755 |
| 33 | Schiffszimmerer | 67 | 40 | 175 | 3645 | 3173 | — | 38 | 1586 | 29 | 1587 | 42 | 1599 | 7 | 229 | 13 | 1333 | 5 | 12 | 1782 |
| 34 | Schneider | 173 | 149 | 3530 | 28357 | 27544 | 8896 | 143 | 24913 | 30 | 2631 | 164 | 27432 | 5 | 92 | 2 | 20 | 2 | ? | 25161 |
| 35 | Schuhmacher | 222 | 109 | 2757 | 48093 | 14468 | 2752 | 184 | 11818 | 38 | 2650 | 149 | 7870 | 46 | 4996 | 27 | 1602 | — | — | 13220 |
| 36 | Steinarbeiter | 133 | 179 | 1179 | 17999 | 14647 | 157 | 82 | 11113 | 51 | 3534 | 69 | 5486 | 52 | 7986 | 11 | 1153 | 1 | 22 | 10954 |
| 37 | Steinsetzer | 52 | 60 | 213 | 2899 | 2821 | — | 31 | 2479 | 21 | 342 | 47 | 2730 | 2 | 9 | 3 | 82 | — | — | 2759 |
| 38 | Tabakarbeiter | 147 | 146 | 500 | 18675 | 11008 | 7793 | 138 | 10719 | 9 | 289 | 83 | 2349 | 56 | 8332 | 8 | 327 | — | — | 10582 |
| 39 | Tapezierer | 78 | 68 | 1311 | 3992 | 3660 | — | 28 | 2032 | 50 | 1628 | 60 | 3455 | 8 | 157 | 7 | 45 | 3 | 3 | 8704 |
| 40 | Textilarbeiter | 187 | 132 | 783 | 84255 | 54235 | 19815 | 143 | 21370 | 44 | 32865 | 93 | 12102 | 79 | 22361 | 13 | 19441 | 2 | 331 | 26012 |
| 41 | Töpfer | 56 | 239 | 1112 | 3273 | 3273 | — | 40 | 2897 | 16 | 376 | 43 | 1417 | 6 | 307 | 6 | 1541 | 1 | 8 | 1558 |
| 42 | Transportarbeiter | 904 | 232 | 6895 | 68975 | 64384 | 2407 | 710 | 46271 | 194 | 18113 | 521 | 28403 | 325 | 32467 | 52 | 3342 | 3 | 172 | 56650 |
| 43 | Zimmerer | 1038 | 12134 | 9458 | 69296 | 68813 | — | 809 | 63767 | 229 | 5046 | 948 | 67168 | 13 | 427 | 31 | 836 | 45 | 382 | 67595 |
| | Zusammen | 10156 | 36314 | 92647 | 1724967 | 1214523 | 78022 | 7372 | 965537 | 2784 | 248986 | 6644 | 546116 | 2647 | 536629 | 759 | 125152 | 106 | 6626 | 1117059 |
| | Doppelt gezählte Streiks und Aussperrungen[2] | 184 | 184 | 184 | — | — | — | — | — | 184 | — | 54 | — | 28 | — | 53 | — | 49 | — | — |
| | Summa | 9972 | 36130 | 92463 | 1724967 | 1214523 | 78022 | 7372 | 965537 | 2600 | 248986 | 6590 | 546116 | 2619 | 536629 | 706 | 125152 | 157 | 6626 | 1117059 |

# Lebenskosten 1890 (1)

## Forschen und erkunden – Beispiel

*Jahresbudget zweier Berliner Familien um 1890*

**Höherer Beamter (Jurist)**

| | ***Mark*** |
|---|---|
| *Einnahmen* | 5450,00 |
| *Ausgaben* | |
| • Wohnung (mit Mietsteuer) | 1225,00 |
| • Heizung | 140,00 |
| • Beleuchtung | 45,00 |
| • Essen (170,- Mk. monatlich) | 2040,00 |
| • Wäschereinigung | 45,00 |
| • Mädchen für alles (monatlich 10,- Mk, wird stets in der Provinz gemietet) | 120,00 |
| • Dienstboten-Krankenversicherung | 6,00 |
| • Bekleidung und Beschuhung | |
| für die Hausfrau | 85,50 |
| für den Hausherrn (nur Beschuhung) | 17,00 |
| für die Knaben | 95,00 |
| • Schulgeld für die Knaben | 240,00 |
| • Schulbücher, Hefte, Federn usw. | 24,75 |
| • Taschengeld: | |
| jedem Knaben monatlich 50 Pfg. | 12,00 |
| für die Hausfrau monatl. 10 Mk. | 120,00 |
| für den Hausherrn monatl. 15 Mk. | 180,00 |
| • Steuern nebst Witwenkasse | 254,00 |
| • Neuanschaffung von Geschirr etc. | 28,75 |
| • Für Verbesserung von beschädigtem Zimmergerät, verdorbenen Schlössern etc. | 16,20 |
| • Nähsachen usw. | 31,85 |
| • Weihnachten und Geburtstage | 152,50 |
| • Vereine | 40,00 |
| • Zeitungen | 26,00 |
| • Postwertzeichen | 9,15 |
| • Arzt und Apotheke (dabei sechs Flaschen Chinawein mit Eisen) | 76,30 |
| • Einige juristische Werke | 27,00 |
| • Wohltätigkeitsausgaben (Vereine, Sammlungen) | 46,00 |
| • Sparkasse für jedes Kind seit der Geburt vierteljährlich 5,- Mk. | 60,00 |
| • Reserve, monatlich 5,- Mk. zurückgelegt | 60,00 |
| • Pferderennbahn | 82,50 |
| • Vergnügungen (einmal nach Potsdam, einmal nach Erkner, zweimal im Zoologischen Garten, Beträge für die Knaben bei Schulausflügen, einmal im Schauspielhaus) | 62,00 |
| • Die Jahresgesellschaft | 82,50 |
| | 5450,00 |

*„Die Kleider werden mit seltenen Ausnahmen stets zu Hause gemacht, nur Mäntel oder Jacken fertig gekauft. Die meiste Kunst erfordert es, die Gewänder der Knaben in Ordnung zu halten. Da vererbt sich stets, wenn es geht, Vaters Rock und Beinkleid auf den Ältesten und zuweilen noch von diesem auf den Jüngsten ... Von einem bezahlten Sommeraufenthalt könnte keine Rede sein. Aber eine Verwandte des Hausherrn besitzt ein kleines Stadtgut in Schlesien. Dorthin gehen jährlich einige Wochen Vater und Tochter oder Mutter und Söhne. Die alte Dame sendet auch zu Festzeiten kleine Beträge für die Mitglieder der Familie oder bereichert die Speisekammer mit angenehmer Zubuße von Obst, Geflügel oder Würsten.“*

# Lebenskosten 1890 (2)

## Forschen und erkunden – Beispiel

*Jahresbudget zweier Berliner Familien um 1890 (Fortsetzung)*

***Facharbeiter (Former)***

| | Mark |
|---|---|
| *Einnahmen* | 1700,00 |
| *Ausgaben* | |
| • Wohnung | 259,00 |
| • Haushalt | 924,00 |
| • Steuern | 30,00 |
| • Krankenkassen- und andere Beiträge | 13,00 |
| • Heizung, im Mittel | 45,00 |
| • Winterrock f. Mann | 30,00 |
| • Hut | 2,50 |
| • Stiefel f. Mann | 16,00 |
| • Stiefel f. Frau | 11,00 |
| • Stiefel f. Kinder | 10,00 |
| • Kleideranschaffungen f. Frau u. Kinder | 23,00 |
| • Arzt und Apotheke f. Frau | 20,00 |
| • Zeitung, mit einem andern zusammen, 6,-, also | 3,00 |
| • Verschiedenes (Flickereien, Wäsche, Vergnügungen) | 64,00 |
| • Mann (Getränke, Tabak, Groschensammlung) | 162,00 |
| • Ersparnis | 82,00 |
| | 1700,00 |

| *Tägliche Ausgaben für Lebensmittel:* | |
|---|---|
| • Milch, 2–2 ½ Liter | 0,36 – 0,45 |
| • Fleisch, 1–2 Pfund | 0,70 – 1,40 |
| • Gemüse, Kartoffeln, Hülsenfrüchte, Reis | 0,05 – 0,15 |
| • Kaffee und Cichorie | 0,10 – 0,15 |
| • Brot | 0,30 – 0,40 |
| • Schrippen (gröbere Semmeln) zum Frühstück | 0,12 ½ – 0,12 ½ |
| • Wurst etwa | 0,30 – 0,30 |
| • Fett, Salz und Gewürze etwa | 0,10 – 0,15 |
| | 2,03 ½ – 3,12 ½ |

*„Vergnügungen, die Geld kosten, sind sehr selten. Ausflüge nach dem Zoologischen Garten an „billigen Samstagen“ oder in die Hasenheide, dazu reicht es noch. Damit sind die äußern Vergnügungen erschöpft. Der Mann hilft sich: Er entlehnt Bücher aus den Volksbüchereien und liest des Abends, wenn er nicht zu müde ist; die Frau begnügt sich mit dem Roman und den örtlichen Nachrichten im „Blatt“*
*Der Mann nimmt am Morgen in einem Blechgefäß Kaffee mit, abends und mittags trinkt er 2 bis höchstens 3 Glas Bier, das Seidel zu 10 Pfennige (Schnaps trinkt er gar nicht). Werktags raucht er 2, sonntags 3 Zigarren zu 3 Pfennige, in das Wirtshaus geht er vielleicht einmal in der Woche, aber ist dann spätestens um 10 ½ Uhr zu Hause.“*

*(Aus: Otto v. Leixner, 1888–1891. Soziale Briefe aus Berlin, Berlin 1891. Entnommen aus: Gerhard A. Ritter/ Jürgen Kocka, Deutsche Sozialgeschichte, Bd. II 1870–1914, Verlag C.H. Beck, München 1974.)*

# Wider die Pfaffenschule!

## Forschen und erkunden – Beispiel

Das klassische Jahrhundert der Aufklärung hat die *Anmaßungen der Priesterkaste* in ihre Schranken zurückgewiesen. Indem es zeigt, dass keine Konfession sich mit Recht rühmen dürfe, im Besitze der Wahrheit zu sein, dass vielmehr sie alle in einen Wust von Irrtum und Aberglauben verstrickt seien, löste es das logische Band zwischen der Kirche und dem Staate und erkannte den letzeren als eine Gemeinschaft nicht von Glaubensgenossen, sondern von Bürgern, denen der Staat ihre Meinung über religiöse Dinge unmöglich vorschreiben könne. Diese von der klassischen Philosophie begründet, von der deutschen klassischen Dichtung volkstümlich verbreitete Auffassung wurde im Zeitalter der bürgerlichen Emanzipation auch die Grundlage des Staatsrechts, nicht zuletzt des preußischen Staatsrechts, dessen *Allgemeines Landrecht* (Tl. II Tit. 11, § 1) erklärte: *„Die Begriffe der Einwohner des Staates von Gott und göttlichen Dingen, der Glaube und der innere Gottesdienst können kein Gegenstand von Zwangsgesetzen sein."* Dieser Grundsatz der Glaubens- und Gewissensfreiheit, der in allen modernen Staaten anerkannt wird, führt auf dem Gebiete der Schule mit unbedingter logischer Folgerichtigkeit dahin, dass alles, was die religiöse oder religionslose Erziehung der Kinder betrifft, dem persönlichen Ermessen der Eltern überlassen bleiben müsse, keineswegs aber durch staatliche Zwangsgesetze geregelt werden dürfe.

*Der Staat von heute ist religionslos und muss religionslos sein.* Er fordert von jedem, ohne Rücksicht auf Konfession, religiöses oder philosophisches Bekenntnis, die Erfüllung seiner staatsbürgerlichen Pflichten und muss auf dem Papier wenigstens anerkennen, dass das Recht des Bürgers durch sein Bekenntnis nicht gemehrt noch gemindert werden könne. Nach der preußischen Verfassung sind die Staatsämter allen, die die erforderliche Befähigung haben, ohne Rücksicht auf ihre religiösen Anschauungen zugänglich. Im Heere stehen der gläubige Protestant, der gläubige Katholik, der gläubige Jude und der Freidenker nebeneinander in Reih und Glied. In den Fabriken arbeiten die Anhänger der verschiedensten religiösen Bekenntnisse nebeneinander, und man sieht es dem fertigen Fabrikat nicht an, ob es von katholischen, protestantischen, jüdischen oder atheistischen Händen verfertigt ist. Kurz, im geistigen, gesellschaftlichen, wirtschaftlichen, politischen Leben der Erwachsenen haben religiöse Unterschiede längst irgendeine Rolle zu spielen aufgehört.

Der Entwurf des neuen preußischen Volksschulgesetzes, der am 4. Dezember 1905 veröffentlicht wurde, sieht in den Kindern keine werdenden Staatsbürger, sondern nichts als kleine *Katholiken, Protestanten und Israeliten*; er ist ganz auf dem Prinzip der konfessionellen Trennung aufgebaut. Indem er den konfessionellen Religionsunterricht in den Mittelpunkt alles Unterrichts stellt, macht er „die Begriffe der Einwohner des Staats von Gott und göttlichen Dingen" zum Gegenstand eines widerlichen und brutalen „Zwangsgesetzes"; er reißt gewaltsam in der

**Rheinische Zeitung** Donnerstag den 7. Dezember 1905

## Wider die Pfaffenschule!

Jugend auseinander, was im späteren Alter noch zusammengehören wird, und versündigt sich damit gegen die ersten Grundsätze einer vernünftigen Erziehung.

Der Grundsatz, gegen den hier verstoßen wird, dass die Begriffe von Gott nicht der Gegenstand von Zwangsgesetzen sein könnten, ist aber auch in Wahrheit durchaus kein anti-religiöser Grundsatz. Zahlreiche moderne Theologen, unter ihnen Schleiermacher, halten es für eine Entwürdigung der Religion, wenn sie gewaltsam und zwangsgesetzlich den Köpfen der Kinder eingepaukt wird. Der Jenenser Pädagoge Prof. Rein bezeichnet diese Methode der Glaubenseinpaukerei geradezu als einen „Unfug", und doch ist Prof. Rein ein Christ und durchaus kein Religionsfeind. *Die zwangsgesetzliche konfessionelle Erziehung ist durchaus kein fromm christlicher, sondern bloß ein infamer politischer Grundsatz, der von unterdrückenden Klassen im Kampfe gegen die unterdrückten Klassen angewendet wird. Sie ist nicht Selbstzweck sondern ein Mittel des Klassenkampfs der herrschenden Mächte gegen die rebellierende proletarische Sklavenklasse*, von der Hand des religionslosen und ungläubigen Staates, von der Hand jener Klassen, die sich in ihrer überwältigenden Mehrheit dem Kirchenglauben innerlich längst entfremdet haben, wird die Religion schamlos und bewusst zu einem *Verdummungs- und Unterdrückungsapparat* missbraucht. Würde man jene angeblichen Volksvertreter, die bereit sind, über die Jugend des arbeitenden Volkes das konfessionelle Zwangsgesetz zu verhängen, auf Herz und Nieren prüfen können, so würde man bald herausfinden, dass sie in ihrer Mehrheit ihre angeblichen Glaubenspflichten arg vernachlässigen und kein Titelchen von dem glauben, was auf ihr Geheiß schlecht bezahlte Lehrer den hungrigen Kindern als unumstößliche Glaubenswahrheit einzuprägen berufen sind.

Der Kampf wider die Pfaffenschule ist darum kein Kampf gegen die Religion, er ist auch kein Kampf gegen ehrliche Priester, die nach bestem Wissen und Gewissen lehren, was sie für wahr halten, sondern es ist ein Kampf des vierten Standes gegen die oberen drei: *gegen die Junker*, die im Interesse einer agrarischen Ausbeutungspolitik die Kindergehirne zu verkrüppeln suchen, *gegen die Pfaffen*, die das Gegenteil von ehrlichen Priestern sind, die habsüchtig und herrschgierig gegen ihr besseres Gewissen mit dem Staat einen religionsschänderischen Pakt schließen, *gegen die Bourgeois*, denen die Schule nichts anderes ist als die Zuchtanstalt für geduldiges und billiges Fleisch des kapitalistischen Sklavenarbeitsmarktes.

Das konfessionelle Schulgesetz, das die Arbeiter im Interesse ihrer Klasse bekämpfen müssen, solange sie noch Atem im Leibe haben, ist nicht nur verfassungsfeindlich, nicht nur erziehungsfeindlich, nicht nur kulturfeindlich, sondern im engsten Sinne des Wortes auch direkt unterrichtsfeindlich. Als „Schulunterhaltungsgesetz" verneint es die Pflicht des Staates, seine reichen Mittel dem Zwecke des Unterrichts zuzuwenden und belässt die Last auf dem Rücken teils der Gemeinden, teils der Gutsbezirke, deren knickerige Wirtschaft die Schule zu einem Zerrbild ihrer selber macht. Als konfessionelles Zwangsgesetz proklamiert es die unsinnigste und verschwenderischste Zersplitterung der ohnehin kärglich genug bemessenen Kräfte. An die Stelle einer zweiklassigen konfessionslosen Schule treten zwei ein- bis dreiklassige konfessionelle; damit den Kindern nur ja nicht das Unglück widerfahre, mit Kindern der andern Konfession auf einer Bank sitzen zu müssen und von einem Lehrer der andern Konfession unterrichtet zu werden, wird ihr Unterricht in Rechnen, Schreiben, Lesen, Erdkunde usw. absichtlich und bewusst schwer geschädigt. So atmet das Gesetz in jeder Beziehung den Geist jener Herren, die nicht einsehen, wozu ihre Hütemädchen und ihre Spinnerjungen Lesen und Schreiben gelernt haben sollen. In vierzigjähriger schwerer Arbeit hat die Sozialdemokratie die arbeitenden Massen zu der Erkenntnis aufgerüttelt, dass Bildung eine Macht ist. Sie hat die Faulheit und Gedankenträgheit bekämpft und ist damit die beste Bahnbrecherin einer wahren allgemeinen Volksschulpflicht geworden, als einer Pflicht, Nützliches zu lernen, nicht aber als einer Pflicht, die Kinder zwangsgesetzlich verdummen zu lassen. Wenn diese harte, opfervolle Arbeit nicht gänzlich vergebens gewesen sein soll, dann werden die Arbeiterväter und Arbeitermütter begreifen, dass dieser Kampf um das Höchste, dass dieser Kampf um alles geht. Die agrarische Gesetzgebung befiehlt ihnen zu hungern, sie haben es, obgleich aufmurrend, getan und tun es noch, der Militarismus und der Marinismus haben ihnen erdrückende Lasten aufgebürdet, sie haben protestiert und tragen sie doch. Die Geistessklaverei aber, die über ihre Kinder verhängt wird, ist schlimmer noch als Zolltarif und Flottengesetz, sie ist schlechthin unerträglich.

Ein großer Herr hat einmal erklärt, ehrlos sei, wer in der Stunde der Gefahr sein Vaterland im Stiche lasse. Wohl, aber dreimal ehrlos ist der, der in der Stunde der Gefahr das Land seiner Kinder im Stiche lässt, das Land seiner Hoffnung, seiner Zukunft. So ehrlos wird die preußische Arbeiterschaft nicht sein! Indes von Russland, Oesterreich, Sachsen die Wetterzeichen leuchten in das schwarzweiße Land, rüstet sie den Feldzug wider die Pfaffenschule und die Dreiklassenschande. Dem Volk, das will, ist nichts zu schwer!

# Frauen im Schulbuch

## Forschen und erkunden – Beispiel

# Auch Frauen machen Geschichte

*Schulbücher verschweigen weibliches Wirken – Analyse von vier Unterrichtswerken*

Seit Adam und Eva ist ungefähr jeder zweite Mensch eine Frau. Zumindest den Verfassern von Schulgeschichtsbüchern scheint dieses aber entgangen zu sein. Nur drei bis fünf Prozent von 400–900 Namen, die in den Registern von vier einschlägigen Unterrichtswerken mit zusammen 14 Bänden aufgeführt werden, sind solche von Frauen. Bei den Abbildungen zeigt die Verteilung eine ähnlich männliche Tendenz. Und die Frauen, über die man dann doch berichten muss, um nicht eine ganz arge Geschichtsfälschung zu begehen, treten schließlich nur in ganz wenigen, den herkömmlichen und von der Gesellschaft gebilligten weiblichen Rollen auf: als „Hausfrau" und „Mutter" wie die Steinzeitfrau oder Maria Theresia, als „Helferin" wie zum Beispiel die Kaiserin Theodora oder die Königin Luise, als „Pflegerin und Fürsorgerin" wie die Nonnen und Krankenschwestern oder Bertha von Suttner und schließlich als „Leidtragende" und „Verfolgte" wie die Hexen oder die Bombenopfer.

Lediglich den Versuch, das, was Frauen „eigentlich" zugemessen ist, zu überschreiten, stellen dann noch zwei weitere in den Geschichtsbüchern auftauchende Rollentypen dar: Die Frau als „Versagerin" und „Verderberin" wie z.B. Kleopatra oder Marie Antoinette sowie die Frau als „Ersatzmann" und „Ersatzpolitiker" wie etwa Elisabeth I., aber auch die Bäuerinnen und Arbeiterinnen in Kriegszeiten oder die Trümmerfrauen. Freilich: Solche Situationen werden als Ausnahme angesehen und möglichst schnell wieder in den „Normalzustand" der männlichen überführt.

### Nur Männersache?

Die systematische Unterbelichtung der Frau in den Schulgeschichtsbüchern hat Dr. Bodo von Borries, Gesamthochschule Duisburg, festgestellt. Er berichtete vor einiger Zeit über seine Untersuchung von vier verbreiteten historischen Unterrichtswerken für die Unter- und Mittelstufe der Gymnasien (Grundzüge der Geschichte, Menschen in ihrer Zeit, Zeiten und Menschen, Fragen an die Geschichte) in „Westermanns Pädagogischen Beiträgen". Dabei geht von Borries auch auf die nahe liegenden und üblichen Einwände und Rechtfertigungsversuche ein, die nach einem solchen massiven Vorwurf geradezu kommen müssen: „Es sei eben so, dass Männer Geschichte machen"; die „eigentliche" Geschichte bestehe aus aktiver Gestaltung, aus Machtgewinn und Vorherrschaft, aus Veränderung und Erfindungen, an denen ganz überwiegend Männer beteiligt sind. Dies sei typisch für die Standortgebundenheit der Geschichtswissenschaft; sie halte an „Ereignis- und Oberflächengeschichte" fest und vernachlässige Strukturgeschichte mit der Tiefendimension der „langen Dauer".

So ist denn auch, wie von Borries meint, gar nicht einzusehen, „warum das Leben der Frauen der uninteressante oder „unhistorische" Teil der Geschichte sein soll". Frauen haben im Kindbett ebensolche Risiken getragen und Opfer gebracht wie Männer im Krieg. In der Produktion und Verteilung, vor allem aber in der Reproduktion und Sozialisation haben sie nicht weniger geleistet als Männer. Auch technische Neuerungen gehen teilweise auf Frauen zurück, so wahrscheinlich die Anfänge des Ackerbaus und damit alle agrarischen Gesellschaften. Doch derartige Sachverhalte werden in den Schulgeschichtsbüchern hartnäckig verschwiegen.

### Wie in der Steinzeit?

Folgt man etwa der Darstellung des Altertums in „Menschen in ihrer Zeit", so hat sich im Leben der Frau seit der Steinzeit nicht viel geändert; die Rollenverteilung ist schon wie in der modernen Kleinfamilie: Die Frau hat zu kochen und den mit beruflichen Erfolgen renommierenden Ehemann zu bewundern. Allein diese kurze Stelle enthält, so von Borries, eine Geschichtsklitterung und einen Denkfehler zugleich: Die Frauen haben in der Steinzeit nicht „zu Hause" gehockt, sondern sich am Sammeln beteiligt. Das war sogar ihre Hauptaufgabe. Außerdem haben die Menschen das Feuer erst später für Wärmen und Kochen „gezähmt", vorher gab es kaum eine Zubereitung des Essens durch die Frauen.

### Frauengeschichten

Unerwähnt bleibt in den untersuchten Geschichtsbüchern auch die Bedeutung von Frauen für die frühe Christenheit, von Kleopatras Plänen und Leistungen hört man nichts, dafür aber um so mehr von ihrer Rolle als „Femme fatale". Die Kaiserin Theodora wird vor allem im Zusammenhang mit den „schönen" Mosaiken in Ravenna erwähnt. Im Frühmittelalter wiederum wird zwar die soziale Stellung und die Arbeitsweise der Bauern erwähnt, aber die Bäuerin scheint es ebenso wenig gegeben zu haben wie die Nonnen, die bei der Schilderung der Leistungen der Klöster und Mönche nicht auftauchen. Im Spätmittelalter und der frühen Neuzeit werden zwar Frauen zahlreich erwähnt, am häufigsten freilich als Objekt bei der Eheschließung, als ein Mittel, mit dem Männer Gewinn, Einfluss, Verbindungen und Vermögen gewinnen. Überhaupt unerwähnt bleibt die Rolle der Frauen in der amerikanischen und Französischen Revolution.

### Kritik an der „Männergeschichte"

Wo das Leben einer Frau genauer bekannt ist und ausführlich berichtet wird, erscheinen in der Regel mehrere der genannten Rollen kombiniert. Dabei wird die Grenze zwischen „genuinen Frauenrollen" und „Männerersatzrollen" oft überschritten. Aber gerade die Übergänge werden nicht deutlich gemacht und erklärt. Die Wertung bleibt unbestritten positiv, solange Frauen ihre „ureigenen" Rollen einnehmen. Sie wird zwiespältig bei der Rollenüberschreitung, auch wenn die Notwendigkeit dazu auf der Hand liegt (Jeanne d'Arc, Trümmerfrau). Selbst große Politikerinnen wie Victoria von England oder Maria Theresia werden nur dann akzeptiert, wenn sie zugleich gute Mütter sind.

*Maria Theresia, als junge Königin von Ungarn und Böhmen*

Eine Geschichtsdarstellung, in der einmal auch die väterlichen Qualitäten eines Herrschers hinterfragt werden, gibt es freilich nicht. Darüber hinaus: Eine Beschreibung des historischen Wandels der Frauenrolle fehlt fast völlig, selbst die Entwicklung der Frauenbewegung seit Ende des 19. Jahrhunderts wird nur am Rande gestreift. Das Frauenwahlrecht 1918 wird in einem der untersuchten Werke nur in einem Halbsatz erwähnt, Frauen des 20. Jahrhunderts erscheinen nur ganz selten als selbstständig handelnde Personen.

*Bertha von Suttner, die österreichische Vorkämpferin für den Weltfrieden*

Eine ausgewogenere Verteilung der Gewichte zwischen Männern und Frauen im Geschichtsbuch ist durchaus möglich, wie von Borries nachweist.

Die Bilanz seiner Untersuchungen: Die „Frauengeschichte" verdient wie die anderen Emanzipationsbewegungen der Geschichte – die Industrialisierung und die Entkolonialisierung – und im Zusammenhang mit ihnen eine Aufwertung. Die „Männergeschichte" mit Krieg, Gewalt, Abenteuer und Wettbewerb bedarf erheblicher Kritik. Beides, so von Borries, im Geschichtsbuch zu leisten, ist für die Jungen ebenso wichtig wie für die Mädchen – damit die einen von der Illusion und dem Zwang befreit werden, den „starken Mann" spielen zu müssen, und die anderen von dem Gefühl loskommen, auf weite Strecken in der Geschichte nicht vorhanden gewesen zu sein.

*Dr. Renate I. Mreschar*

*(aus: Erziehung & Wissenschaft)*

*Maria Stuart, Königin von Frankreich und Schottland*

# Wie man sich bettet …

## Forschen und erkunden – Beispiel

### Wie man sich bettet oder Vom wichtigsten Möbel

### Das Bett im Mittelalter

## Schlupfwinkel mit Tücken

*Aufgetürmte Kissen: man schlief fast im Sitzen*

**„Mein Heim ist meine Burg“ und mein Bett ein behagliches Nest – von solchem Biedermeierideal konnten mittelalterliche Schläfer nur träumen. Zu oft wurde das Bett ihnen zur tödlichen Falle. Seit dem Untergang des Römischen Reiches galt ein ruhiger Schlaf als Luxus. Europa befand sich im Chaos: Bedrohung durch feindliche Stämme, Adelsfehden, Raubrittertum und, im 9. und 10. Jahrhundert, Normannen- und Ungarnüberfälle ließen die Menschen in Dauerfurcht leben. Unsicherheit prägte die Lebensweise: Man verbarrikadierte sich in Burgen und war jederzeit zur Flucht gerüstet.**

Kein Wunder, dass es feste Einrichtungsgegenstände kaum gab. Bettstellen, ein seltenes und begehrtes Beutegut, wechselten ständig die Besitzer. Meist wurden sie jedoch vorher zerstört. Noch heute sagt das Wort „Möbel“, was man damals darunter verstand: etwas Bewegliches, Transportables. Fluchtgerecht wurden sie im Camping-Format konstruiert: x-förmige Faltstühle, Klapptische und zerlegbare Betten. Auch auf Reisen trug man seine Habe mit sich, nicht zuletzt das Bett. Denn Wirtshausbetten waren rar. Noch im Jahre 1649 musste die Tochter des französischen Königs mit einem Strohlager vorlieb nehmen, als der Hof kurzfristig umzog. Betten und Hausrat begleiteten auch Frankreichs König Franz I., als dieser 1538 von Paris nach Nizza reiste.

### Mangelware Bett

Doch selbst wer eine Unterkunft fand, musste auf überfüllte Massenquartiere gefasst sein. Den meisten machte das nichts aus, schon gar nicht wegen der Standesunterschiede. Eine Chronik: Oft schnarchten Adelige einträchtig zwischen Bürgern und Bauern. Was störte, war einzig der Mangel an Schlafgelegenheiten. Es soll vorgekommen sein, dass ein Fürst mit seinem Kammerjunker das Bett teilte. Meistens gab es jedoch überhaupt kein Bett und die Reisenden waren froh, wenn sie ihre müden Glieder auf eine Ofenbank oder ein Strohlager betten konnten. Wo das geringe Bettenangebot stets ausgebucht war, herrschte das …

*(aus: Wohne im eigenen Heim 3/86)*

## Schon die alten Römer bauten mit Beton

### Der Vorgänger des heutigen Baustoffs hieß Opus caementitium

**Die Römer waren bedeutende Baumeister. Sie übernahmen die Erfahrungen der Sumerer, Ägypter, Etrusker und Griechen und führten sie zu einer Vollendung, die auch heute noch ungeteilte Bewunderung findet. Bei der Lösung ihrer Bauaufgaben verwendeten die Römer die altbekannten Baustoffe Stein, Holz, Ziegel und Metall. Gleichzeitig aber entwickelten sie ein Bauverfahren weiter, das aus dem Griechischen kam und den Namen „Emplecton“ trug.**

Zwischen eine innere und äußere Bauteilbegrenzung aus gemauerten Steinen oder Holzbrettern brachten sie lagenweise ein Gemisch aus Steinen und Mörtel ein. Nach Erhärten des Mörtels entstand ein fester Baustoff, der im Aussehen und in seinen Materialeigenschaften unserem heutigen Beton sehr ähnlich war. Archäologen und Bauhistoriker sprechen deshalb vom römischen Beton, dem Opus caementitium. Es gibt kaum ein größeres römisches Bauwerk aus der römischen Kaiserzeit, also den ersten beiden nachchristlichen Jahrhunderten, das nicht zu wesentlichen Teilen aus Opus caementitium besteht. Im Unterschied zum heutigen Beton mit dem Bindemittel Zement enthält der römische Beton als Bindemittel Kalke verschiedener Art. Römischer Beton verfügt deshalb nicht über eine so hohe Druckfestigkeit, wie sie heute üblich ist. Die bisher ermittelten Druckfestigkeiten lagen im Wesentlichen zwischen 50 und 229 kg/qcm. Das bedeutet immerhin so viel, dass ein Quadratzentimeter der Mörteloberfläche das Gewicht zweier wohlgenährter Männer aufnehmen könnte oder eine Fläche von Postkartengröße das Gewicht eines 30-Tonnen-Lastzugs.

### Zisternen zur Bevorratung von Wasser

Die beeindruckendsten Zeugen römischer Baukunst sind Wasserbauten. Seit Menschengedenken wird Regenwasser in Becken oder Vorratsbehältern – Zisternen – aufgefangen und als Brauch- oder Trinkwasser verwendet. Die zahllosen noch heute vorhandenen Bauwerke aus der Römerzeit haben Fassungsvermögen bis zu mehr als 30 000 Kubikmeter. Neben offenen Anlagen sind auch Zisternen unterhalb der Erdoberfläche bekannt. Eine der größten geschlossenen Zisternen ist die fast unversehrte Piscina mirabilis in Misenum bei Neapel. Sie nahm vor allem die Wasservorräte für die römische Kriegsflotte auf, die im Hafen von Misenum stationiert war. Das Bauwerk ist etwa 15 Meter tief in den Boden eingearbeitet, hat eine Grundfläche von rund 70 x 25 Metern und fasst etwa 12 600 Kubikmeter Wasser. Die Dachkonstruktion steht auf 48 quadratischen Pfeilern aus Opus caementitium, die das Bauwerk in 5 Längs- und 13 Querschiffe unterteilten. Das mittlere Querschiff liegt 1,10 Meter tiefer. Es hat als Klär- und Ablaufbecken bei der Reinigung gedient. Das Bauwerk macht heute den Eindruck einer riesigen unterirdischen Kirche. Wie alle Zisternen war es mit einem wasserundurchlässigen Putz versehen.

*(aus: BHW 2/8)*

# Wahlplakat 1

## Forschen und erkunden – Beispiel

# Wahlaufruf.

## Zu den Waffen!

Am 16. Juni finden die **Reichstagswahlen** statt. An den deutschen Reichstagswählern liegt es, mit dem Stimmzettel in der Faust eine Änderung der trostlosen und unhaltbaren Zustände in Deutschland anzubahnen und den energischen Willen kundzugeben, dass unser Volk aus den Klauen des Kapitalismus, des internationalen Ausbeutertums gerettet und die Ketten gesprengt werden, mit welchen das Judentum und dessen Dienstmann, „der Judenliberalismus“, in schmählicher Gemeinschaft, mit allen Mitteln der Hinterlist und feigen Grausamkeit unser Volk gefesselt.

Wer noch ein Freund des vaterländischen Bodens, deutscher, christlicher Kultur ist, und wer nicht zugeben will, dass Deutschland zum Versuchskarnikel freihändlerischer, sozialdemokratischer und internationaler Fantasten und Theoretiker herhalten soll, wem es darum zu tun ist, die schaffenden Stände vor dem nahe stehenden, vollkommenen Ruin zu retten, wer der reellen, nationalen und produktiven Arbeit den gebührenden Lohn sichern will, der kann nur den Kandidaten der **christlich-sozialen Partei** seine Stimme geben.

Katholiken und Protestanten! Vereinigt euch in brüderlicher Liebe gegen den Todfeind des Deutschtums, den Judenkapitalismus und die asiatische Geldmoral! Zeigt den Mut des stolzen Germanen, indem ihr alle, die ihr unter der skrupellosen Konkurrenz des Judentums und der furchtbaren **Geißel des Großkapitals** leidet, am 16. Juni für diejenige Partei eintretet, von welcher das Parasitenvolk mit **Entschlossenheit und nach Gebühr** bekämpft wird.

**Christlich-sozial** muss jeder Arbeiter, Bürger und Bauer, jeder Künstler, Litterat und Lehrer, jeder Richter, Offizier, Arzt und Rechtsanwalt, jeder Staatsbeamte und Bedienstete, Kaufmann und Handwerker, jeder Kleriker, Philosoph und Forscher sein, der arischen Blutes ist und der seine Muttersprache und seine **Heimat** liebt!
**Nieder** mit allen Schwächlingen und Humanitätsduslern, die dem Freiheitskampf des deutschen Volkes hinter dem Ofen zusehen wollen!!

**Nieder** mit denjenigen Parteien, welche zur **Schutztruppe des Judentums** herabgesunken, mit derselben in **volksverräterischen** Beziehungen stehen oder **liebäugeln**!!
Nehmt euch **alle** ein Beispiel an dem **Heldenmut der Christlich-sozialen Wiens** und deren Feldherrn, und sorgt dafür, dass von den Frauentürmen Münchens am 16.Juni das **christlich-soziale** Banner weht!

## Zu den Waffen!

# Wahlplakat 2

## Forschen und erkunden – Beispiel

### Das Programm der Christlich-sozialen Partei

Die christlich-soziale Partei steht auf dem Boden des *positiven Christentums*. Unter ihrem Banner sammeln sich sowohl Katholiken und Protestanten, wie auch solche deutsche Staatsbürger, welche einer anderen religiösen Anschauung huldigen, aber *Freunde des konfessionellen Friedens* und weder Juden noch Judengenossen sind. Die christlich-soziale Partei ist die entschiedene Gegnerin aller Kulturkampfgesetze, welche sich gegen christliche und deutsche Volksangehörige richten.

Unsere Hauptaufgabe ist der wirksame und tatkräftige *Schutz der gesamten nationalen produktiven Arbeit* und darum der rücksichtslose Kampf gegen *Kapitalismus und Mammonismus*, der Kampf gegen Ausbeutertum in jeder Form, das beschnittene und unbeschnittene Judentum.

Die christlich-soziale Partei ist eine *vaterländische und deutsche*, darum aber auch eine *bayerische*. Wie sie eintritt für den Schutz und die Erhaltung unseres deutschen Volkstums, so wird sie mit allen Kräften tätig sein für die Erhaltung der durch die Reichsverfassung gewährleisteten *Selbstständigkeit Bayerns*. Wir erkennen in den großdeutschen unitaristischen Bestrebungen eine den Bestand des deutschen Reiches bedrohende Bewegung. *In der Kaiserkrone erblicken wir das Symbol der geeinigten, aber gleichberechtigten deutschen Stimme*, aber kein Sinnbild cäsaristischer Selbstherrlichkeit, keinen Gesslerhut, vor welchem sich die deutsche Nation unter Verzicht auf selbstständiges Denken und auf das Recht, seine Geschicke mitzubestimmen, in Demut zu beugen hat.

Wir halten fest an den *politschen Rechten und Freiheiten* des deutschen Volkes und werden nicht bloß jedem Versuche, das allgemeine, gleiche und direkte Wahlrecht für den Reichstag zu schmälern, entgegentreten, sondern auch seine Ausdehnung auf die Wahlen zu den Landtagen der deutschen Bundesstaaten.

Als eine Partei des Volkes und entschiedene Bekämpferin der Übergriffe des Großkapitals, wird die christlich-soziale Partei mitarbeiten, einen *Ausgleich der Interessen von Kapital und Arbeit* auf der Grundlage *sozialer Gerechtigkeit* herbeiführen zu helfen. Die Partei tritt darum ein für die *Gewährleistung der Koalitionsfreiheit der Arbeiter* und verlangt ein Verbot der das Familienleben weiter Volksteile zerstörenden *Arbeit der Frau* in den *fabrikmäßigen* Betrieben. Für die christlichsoziale Partei ist die *soziale Frage aber nicht lediglich eine Arbeiterfrage*, sondern im gleichen Maße auch eine Frage, von deren glücklicher Lösung auch die *Fortexistenz des deutschen Mittelstandes* abhängig ist. *Nicht in der Anhäufung von Milliarden und Millionen in den Händen Einzelner, auch nicht in unmöglicher Gleichmacherei*, sondern in *der Verteilung des nationalen Wohlstandes auf die größtmögliche Zahl der Volksangehörigen liegt das Heil der Zukunft und unseres Vaterlandes.*

Von diesen großen Gesichtspunkten aus werden wir zu allen Fragen Stellung nehmen, die an uns herantreten. Von diesen Standpunkten aus bekämpfen wir mit aller Entschiedenheit jede Art von Hurra-Politik und überseeischer Abenteuer und verlangen an ihrer Stelle die Befolgung einer gesunden *Heimatpolitik*, welche uns auch gestatten wird, einen großen Teil der gewaltigen Summe, welche in immer steigendem Maße für Heer und Marine gefordert werden, den Kulturaufgaben unserer Nation und Wohlfahrtseinrichtungen für das deutsche Volk zuzuwenden.

Wir fordern eine *durchgreifende Revision unserer Steuergesetzgebung* unter Entlastung der mittleren und unteren Bevölkerungsschichten und ergiebige Heranziehung, namentlich des spekulativen Kapitals, zur Deckung der öffentlichen Ausgaben. Wir verlangen insbesondere auch die Beseitigung der gewaltigen Unterscheidung in der Besteuerung des *mobilen und immobilen* Kapitals. Wir fordern die *Aufhebung der reinen Goldwährung, Verstaatlichung der Reichsbank und des Versicherungswesens* und Ersatz der seitherigen Waffenversicherung durch eine allgemeine Volksversicherung, welche nicht Millionen deutscher Bürger von den Wohlthaten einer Versicherung ausschließt, deren Lasten ihnen zum größten Teil aufgebürdet sind. Wir fordern vor allem auch die *baldige und ausreichende Versorgung unserer tapferen Veteranen* von 66 und 70, welche nicht wie die Heerführer mit Millionen dotiert, sondern hilflos dem Siechtum und Elend überlassen wurden.

Die christlich-soziale Partei tritt ein für *den wirkungsvollen Schutz der deutschen Landwirtschaft* gegen die Konkurrenz des Auslands und wird allen Maßnahmen zustimmen, welche geeignet erscheinen, den deutschen Bauern auf der väterlichen Scholle zu erhalten.

Die christlich-soziale Partei wird mit aller Tatkraft das *heimische Gewerbe, den sesshaften Handel und das deutsche Handwerk* schützen helfen. Die Partei kann in den seither vorgeschlagenen Maßnahmen keine Mittel erblicken, welche den ehrlichen Erwerb vor der Raubgier der Spekulation und der gewissenlosen Schund- und Schleuderkonkurrenz wirksam zu schützen vermögen. Die Partei sieht in den Warenhäusern, Filialgeschäften, dem Ausverkauf und dem Hausierumzug und anderen gemeinschädlichen Auswüchsen unseres Erwerbslebens lediglich Erscheinungen, welche als natürlich und *notwendige Folgen unserer judenliberalen Gesetzgebung* zu betrachten sind. Die Partei verlangt darum die *Aufhebung unserer derzeitigen Reichsgewerbeordnung* und die *Schaffung eines neuen Gewerbegesetzes*, welche *wirklich Ordnung* in die anarchischen Zustände unseres Gewerbslebens bringt und dem *Mittelstande und der ehrlichen Arbeit überhaupt* wieder zu ihrem Rechte verhilft.

Die christlich-soziale Partei fordert ausreichende Bezahlung, namentlich der mittleren und unteren *Beamten, Lehrer und Bediensteten* des Staates und der Gemeinden.

Die christlich-soziale Partei fordert die *Revision unseres Strafgesetzbuches und des bürgerlichen Gesetzbuches im deutschen und christlichen* Sinne.

Die christlich-soziale Partei erblickt in dem *Judentum* und dem *jüdischen Geiste* die größten Gefahren, welche das deutsche Volk in nationaler geistiger, sittlicher und wirtschaftlicher Hinsicht bedrohen. Die Partei erstrebt deshalb die *Verdrängung des jüdischen Einflusses auf allen Gebieten des öffentlichen Lebens* und fordert darum die *Beschränkung der Zulassung der Juden zu den höheren Lehranstalten, zu öffentlichen Ämtern*, insbesondere den *Richterstand, den Anwalt- und Ärztestand* auf jene Zahl, welche der Zahl der Juden im Verhältnis zu der Gesamtheit der Bevölkerung entspricht. Endlich fordern wir ein *Verbot der Judeneinwanderung*.

# Mercartor-Kartenprojektion

## Forschen und erkunden – Beispiel

*Erforschen, wie spät-kolonialistische Denkgewohnheiten die Wirklichkeit verstellen ...*

Suchen von Karten, Bildern und Texten in Schulbüchern, Reisebeschreibungen, Touristenkatalogen usw., in denen Länder der dritten Welt in falscher Weise dargestellt werden.

hier: Vergleich der Peters-Kartenprojektion (S. 118) mit der gängigen Mercartor-Karte (s. Abb. rechts).

**Altes Weltbild (Mercator-Projektion)**

Seit 400 Jahren beherrscht die Mercator-Karte unser geographisches Weltbild. Es ist ein überholtes Weltbild, wie es dem Zeitalter des Kolonialismus entsprach: Die Länder der nördlichen Erdhälfte sind viel größer abgebildet als die Entwicklungsländer. Einige Beispiele verdeutlichen diese europa-zentristische Verzerrung der Erde auf der Mercator-Erdkarte:

Skandinavien (Schweden, Norwegen, Finnland), das insgesamt eine Fläche von 1,1 Millionen Quadratkilometer umfasst, sieht auf der alten Erdkarte größer als Indien aus. Indien hat in Wirklichkeit jedoch 3,1 Millionen Quadratkilometer, ist also fast dreimal so groß wie Skandinavien.

Eine ähnlich starke Verzerrung stellt man beim Vergleich Kanada – Brasilien fest: Kanada mit seinen 9,9 Millionen Quadratkilometern ist zwar nur geringfügig größer als Brasilien mit 8,5 Millionen Quadratkilometern, wirkt aber auf der Karte etwa dreimal so groß.

Vergleicht man die Sowjetunion mit Afrika, so glaubt man, dass Afrika dreimal im Territorium der GUS-Staaten Platz hätte. In Wirklichkeit ist Afrika mit seinen 30 Millionen Quadratkilometern aber wesentlich größer als die GUS-Staaten (22,4 Millionen Quadratkilometer).

Ein Vergleich Grönlands (2,1 Millionen Quadratkilometer) mit der über 3 Millionen Quadratkilometer großen arabischen Halbinsel zeigt, wie stark unsere alte Erdkarte die Entwicklungsländer benachteiligt.

Der Äquator, der die Erde in zwei gleiche Hälften teilt, liegt hier nicht in der Kartenmitte, sondern in der unteren Hälfte der Karte, die etwa zwei Drittel der Kartenfläche für die Darstellung der nördlichen Erdhälfte verwendet, sodass für die ganze südliche Erdhälfte nur noch ein Drittel übrig bleibt.

# Peters-Kartenprojektion

## Forschen und erkunden – Beispiel

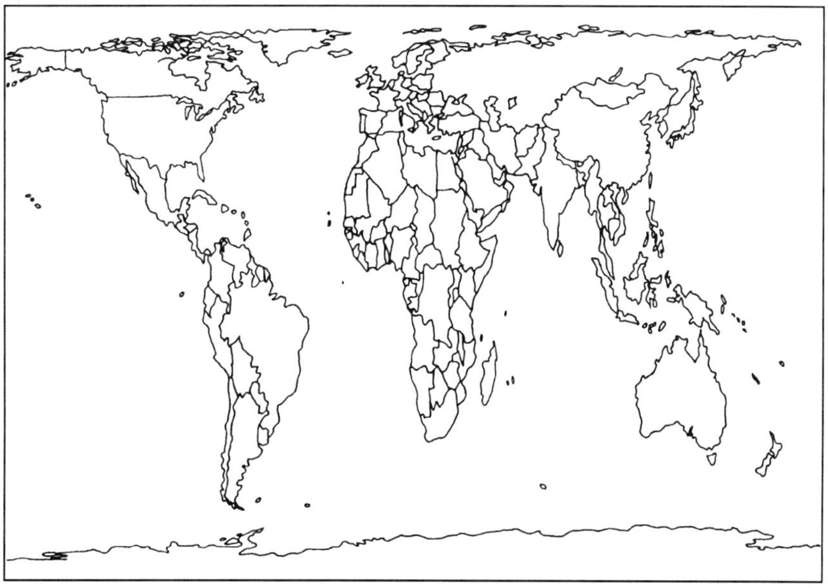

**Neues Weltbild (Peters-Projektion)**

Im nachkolonialen Zeitalter sollten die Verzerrungen unseres geographischen Weltbildes nicht weiter verbreitet werden. Der deutsche Wissenschaftler Arno Peters schuf deshalb 1974 die neue Erdkarte, die auf einer streng paritätischen Darstellung aller Länder der Erde beruht. Europa nimmt keine Sonderstellung mehr ein, die Entwicklungsländer sind ihrer wirklichen Größe entsprechend dargestellt.

Deutschland steht – mit dem übrigen Europa – im nördlichen Kartenviertel, wo es sich auf der Erde auch tatsächlich befindet, die nördliche Erdhälfte nimmt genau 50 % der Kartenfläche ein. Jeder Kontinent, jedes einzelne Land ist in seiner Größe mit jedem anderen unmittelbar vergleichbar geworden. Südamerika, Afrika, Südasien und Südostasien treten in ihrer vollen Größe in Erscheinung.

Vergleicht man hier etwa Afrika mit der Sowjetunion oder Skandinavien mit Indien, so erkennt man die wirklichen Größenverhältnisse. Auch die tatsächliche Größe der arabischen Halbinsel tritt hier deutlich hervor und Brasilien erscheint auf der Peters-Karte als eines der ganz großen Länder unserer Erde und es wirkt viel bedeutender als das durch seine ungünstige polnahe Lage zum größten Teil unwirtliche Kanada. Auch die Antarktis (als viertgrößter Kontinent größer als Europa und als Australien) ist hier in ihrer wirklichen Größe dargestellt. Die neue Gestaltung der Peters-Karte trägt wesentlich dazu bei, dass die Entwicklungsländer in der ihrer tatsächlichen Größe entsprechenden geographischen Bedeutung zur Anschauung kommen.

# Weitere Aktivitäten

## Forschen und erkunden – Zusatz

*Bereits in Band 1 wurden näher besprochen:*

- **Exkursionen**
historische Stätten der *Umgebung*, Ortsindustrie, alte Handwerker-Betriebe;
*Freilichtmuseen* (Papenburg, Kommern/Rheinland, Berlin, Hagen usw.);
*Ausgrabungen* (imponierend durch Rekonstruktion: Xanten mit Amphitheater, begehbarer Mauer, Tempeln usw.)
Burgen, Schlösser, Kirchen, Bauernhäuser, Dorfanlagen usw.

- **Vorbereitete Erkundungen in Städten oder Museen**
Als Beispiel eines von 20 Aufgabenblättern für die individuelle Erkundung des Römisch-Germanischen Museums in Köln; es gibt thematisch differenzierte Arbeitsgruppen; (die Orientierung erfolgt an vorhandenen Beschriftungen, Hinweistafeln, Katalogen usw.)

- **Rallye durch ein Freilichtmuseum**
Beispiel Xanten: Die Rallye erfolgte im Rahmen eines Klassenausfluges (die historische „Arbeit" wurde von den Schülern gar nicht wahrgenommen;
das Operieren mit einer von den Schülern zu findenden Lösungszahl erlaubt die sofortige (stressfreie) Erfolgskontrolle, erleichtert aber das Mogeln – was uns nicht störte!

Unter den richtigen Lösungen haben wir kleine Preise ausgelost.

Nach dem gleichen Muster lässt sich quasi jede historische Stätte „schülernah" aufbereiten!

- **Kochen in historischer Manier**
„Spartanische Blutsuppe", „Rosmarin-Wachteln mit Honig" oder „Biersuppe" und „Weizen-Aschen-Kuchen" gefällig?

Viele historische Rezepte vermitteln einen haut- und magennahen Unterricht! (Rezept-Beispiele)

- **Projekte und Vorhaben**
An jeder Schule und unter jeden Bedingungen sind Vorhaben zu realisieren. Man darf sich nur nicht dadurch selbst lähmen, dass man der „reinen" Projektform bei „optimalen" Bedingungen hinterherweint oder den „inflexiblen" Schulleiter als Ausrede benutzt.

# Abbildungs- und Quellenverzeichnis

*Mit freundlicher Genehmigung der jeweiligen Verlage wurde abgebildet aus:*

**Arnold, F. (Hg.):**
Anschläge.
Politische Plakate in Deutschland 1900–1970.
Verlag Langewiesche-Brandt: Ebenhausen 1973

**Brandt, A. v.:**
Werkzeuge des Historikers.
Kohlhammer: Stuttgart u.a. 1959.

**Ceram, C.W.:**
Götter, Gräber und Gelehrte.
Rowohlt Verlag: Hamburg 1959.

**Elmquist/Jönsson/Langemar/Rydberg:**
Das Geschichtsbuch.
Basis Verlag: Berlin 1978.

**Elting, M./Folsom, F.:**
Das neue Antwortbuch der Geschichte.
Tessloff Verlag: Hamburg 1973.

**Erpf, H.:**
Münzen in deiner Hand. Münzkunde für junge Sammler.
dtv: München 1976.

**Fischer Lexikon**
Geschichte.
Fischer Verlag: Frankfurt/M. 1965.

**Funsken, L. u. F.:**
Rüstungen und Kriegsgerät im Mittelalter. 8.–15. Jahrhundert.
2 Bde. Mosaik Verlag. München 1979.

**Garnett, H.:**
Auf den Spuren alter Völker.
Das farbige Buch der Archäologie.
Otto Maier Verlag: Ravensburg 1964.

**Harenberg, B. (Hg.):**
Chronik der Deutschen.
Harenberg Verlag: Dortmund 1983.

**Hobson, B.:**
Münzen sammeln als Hobby.
Frech Verlag: Stuttgart o.J.

**Läpple, A.:**
Die Bibel heute.
Wenn Steine und Dokumente reden.
Lurz Verlag: München 1961.

**Obermann, K. (Hg.):**
Flugblätter der Revolution.
dtv: München 1972.

**ZDF (Hg.):**
Preußen, ein Prozess in fünf Verhandlungen.
Eine historische Dokumentation des ZDF.
ZDF: Mainz o.J.

*Aus folgenden Schulbüchern wurde konfrontierend zitiert:*

**Ackermann, W.:**
Wurzeln der Gegenwart.
Baumann Verlag: Kulmbach o.J.

**Damals und heute.**
Band 1.
Klett Verlag: Stuttgart o.J.

**Ebeling/Birkenfeld:**
Die Reise in die Vergangenheit. Bd. 1.
Westermann Verlag: Braunschweig 1970.

**Geschichtliche Weltkunde.**
Band 1.
Diesterweg Verlag: Frankfurt/M. 1975.

**Heumann u.a.:**
Geschichte für morgen. Bd. 2.
Hirschgraben Verlag: Frankfurt/M. 1982.

**Lasius, R./Recker, H.:**
Geschichte. Bd. 3.
Beltz Verlag: Weinheim 1971.

**Mann, Hanns:**
Lebendige Geschichte. Teil 5: Kulturgeschichtliche Längs- u. Querschnitte.
Dümmlers Verlag: Bonn 1971.

**Riemeck, R.:**
Geschichte für die Jugend.
Bd. 1: Von alten Zeiten.
Mundus Verlag. Stuttgart 1959.

**Schmid, H.D. (Hg.):**
Fragen an die Geschichte.
Arbeitsbuch für die Sek. I im gymnasialen Bereich.
Hirschgraben Verlag: Frankfurt/M. 1975.

**Wir erleben die Geschichte.**
Ein Arbeitsbuch für den GU. Bd. 1.
Bayrischer Schulbuch Verlag: München 1967.

# Literaturverzeichnis

*Zitate in diesem Band (betreffende Seitenzahl in Klammern) wurden folgenden Titeln entnommen:*


**Ackermann, W.:**
Wurzeln der Gegenwart.
Baumann Verlag: Kulmbach o.J.
(S. 56, 69, 79f.)

**Besson, W. (Hg.):**
Fischer Lexikon Geschichte.
Stichwort: Periodisierung.
Fischer Verlag: Frankfurt/M.
4. Aufl. 1965.
(S. 32)

**BHW (Hg.):**
Wohnen in eigenem Heim.
Zeitschrift d. BHW. Jg. unbekannt.
(S. 114)

**Brandt, A. von:**
Werkzeuge des Historikers.
Kohlhammer Verlag: Stuttgart u.a. 1961.
(S. 10, 16)

**Brüser, W.:**
Selbst die Folterknechte empfanden oft Mitleid.
In: Kölner Stadt-Anzeiger v. 7.10.1966.
(S. 27f.)

**Ceram, C.W.:**
Götter, Gräber und Gelehrte.
Rowohlt Verlag: Hamburg 1959.
(S. 17f.)

**Ebeling/Birkenfeld:**
Die Reise in die Vergangenheit. Bd. 1–4.
Westermann Verlag: Braunschweig 1970.
(S. 34f.)

**Elmquist/Jönsson/ Langemar/Rydberg:**
Das Geschichtsbuch.
Basis Verlag: Berlin 1978.
(S. 48, 53f., 68, 89)

**Elting, M./Folsom, F.:**
Das Antwortbuch der Geschichte.
Tessloff Verlag: Hamburg 1973.
(S. 21)

**Erpf, Hans:**
Münzen in deiner Hand.
Münzkunde für junge Sammler.
dtv: München 1976.
(S. 23f.)

**Funcken, L. u. F.:**
Rüstungen und Kriegsgerät im Mittelalter.
Mosaik Verlag: München 1979.
(S. 22)

**Garnett, H.:**
Auf den Spuren alter Völker.
Otto Maier Verlag: Ravensburg 1964.
(S. 26)

**Harenberg, B. (Hg.):**
Chronik der Deutschen.
Harenberg Verlag: Dortmund 1983.
(S. 50, 58f., 64, 71f.)

**Hasenberg, P.J.:**
Im Wandel der Jahrhunderte.
Ein historisches Bildwerk.
Sonderdruck der Kölnischen Rundschau.
Köln o.J.
(S. 46f., 61f.)

**Herbig, R.:**
Notizen aus der Sozial-, Wirtschafts- und Gewerkschaftsgeschichte vom 14. Jahrhundert bis zur Gegenwart.
RMG Werbe- u. Verlagsgesellschaft: Eschenbach 1978.
(S. 109)

**Hobson, B.:**
Münzen sammeln als Hobby.
Frech Verlag: Stuttgart o.J.
(S. 23)

**Kocka, J.:**
Deutsche Sozialgeschichte. Bd. 2
Beck Verlag: München 1974.
(S. 111)

**Kölner Stadt-Anzeiger**
Ausgabe v. 18.1.1971.
(S. 70)

**Kübler, H.:**
Früher reiste man gefährlich.
In: Treff-Schülermagazin 8/1978.
(S. 45)

**Läpple, A.:**
Die Bibel – heute.
Wenn Steine und Dokumente reden.
Lurz Verlag: München 1961.
(S. 17)

**Lasius, R./Recker, H.:**
Geschichte. Bd. 3.
Beltz Verlag: Weinheim 1971.
(S. 60)

**Mann, H.:**
Lebendige Geschichte.
Teil 5: Kulturgeschichtliche Längs- und Querschnitte.
Dümmlers Verlag: Bonn 1971.
(S. 41f., 87f., 103f.)

**Mreschar, R.:**
Auch Frauen machen Geschichte.
In: E & W, Zeitschrift der GEW, Jg. unbekannt.
(S. 113)

**Obermann, K. (Hg.):**
Flugblätter der Revolution.
dtv: München 1972.
(S. 64)

**Schmid, H.D. (Hg.):**
Fragen an die Geschichte.
Hirschgraben Verlag: Frankfurt 1975.
(S. 25)

**Vorstand der SPD (Hg.):**
1863–1976. Für Freiheit, Gerechtigkeit und Solidarität. Sozialdemokraten in Deutschland. Habermann, Klotzbach, Krause, Miller, Schneider.
Bonn 1976.
(S. 62f.)

**Wir erleben die Geschichte.**
Ein Arbeitsbuch für den GU II.
Bayrischer Schulbuch Verlag: München 1967.
(S. 73f.)

**ZDF (Hg.):**
Preußen – ein Prozess in fünf Verhandlungen. Eine historische Dokumentation des Zweiten Deutschen Fernsehens.
ZDF: Mainz o.J.
(S. 99f.)